U0620553

可复制的『淄博』

City Brand Marketing Password

Replicable Zibo

城市品牌营销密码

董彦峰 曹钰伟 | 著

经济管理出版社
ECONOMY & MANAGEMENT PUBLISHING HOUSE

图书在版编目（CIP）数据

可复制的"淄博"：城市品牌营销密码/董彦峰，曹钰伟著 . —北京：经济管理出版社，2023.7

ISBN 978-7-5096-9148-9

Ⅰ.①可… Ⅱ.①董… ②曹… Ⅲ.①城市管理—品牌战略—研究—中国 Ⅳ.①F299.23

中国国家版本馆 CIP 数据核字（2023）第 142030 号

组稿编辑：杨 雪
责任编辑：杨 雪
助理编辑：王 慧
责任印制：许 艳
责任校对：陈 颖

出版发行：经济管理出版社
　　　　　（北京市海淀区北蜂窝 8 号中雅大厦 A 座 11 层　100038）
网　　　址：www. E-mp. com. cn
电　　　话：（010）51915602
印　　　刷：唐山昊达印刷有限公司
经　　　销：新华书店
开　　　本：720mm×1000mm/16
印　　　张：12
字　　　数：170 千字
版　　　次：2023 年 8 月第 1 版　　2023 年 8 月第 1 次印刷
书　　　号：ISBN 978-7-5096-9148-9
定　　　价：78.00 元

目　录

第一章

城市化与品牌塑造

城市形象，是指一座城市带给人们的印象和感受，是人们对一座城市由表及里、全方位、综合性的感知和印象。城市形象，既包括城市内在的历史文化底蕴，也包括城市外在的物质特征，体现着城市的整体性风貌。①

改革开放以来，中国经历了翻天覆地的变化，城镇化进程更是一日千里、日新月异，城市形象被赋予更广泛、更深层的意义，特别是在提升城市综合竞争力、满足城市转型发展的时代要求，以及彰显城市个性和魅力等方面表现尤为突出。作为在我国深化改革、扩大开放过程中出现的新生事物，城市形象理论的研究方兴未艾。城市形象建设既积累了许多成功的经验，也存在着不少失败的教训。城市形象建设的得与失，对我国城市化的进一步发展和未来的城市面貌将会产生越来越深刻的影响，既需要城市理论研究者深入探索，也需要城市建设实践者不断反思。

城市化是中国经济高速发展的源动力之一。2022 年 6 月 21 日，国家发展改革委印发的《"十四五"新型城镇化实施方案》指出，我国城镇化下半场将加速开启，从量增到质增成为新的发展趋势。在中国城市化建设快速推进的今天，城市魅力和内涵所形成的城市形象、城市品牌日益成为城市发展的紧迫需求。高楼大厦并不是城市的代名词，独特的城市品牌才是城市的灵魂，才是社

---

① 闫娜. 我国城市文化形象的构建与对策研究 [J]. 东岳论丛, 2011, 32 (12): 123-127.

会文明进步的推动力。

21 世纪是城市发展和竞争的时代。城市品牌作为一种新的、符合城市发展需求的战略，同样随着城市营销的发展趋势而不断成长。在我国，城市的品牌化从 20 世纪 80 年代开始，至今已经历了 40 多年的发展，城市品牌建设初见成效，城市品牌形象印证了城市品牌建设的成果。

第一节　21世纪激动人心的"城变"

21 世纪，可谓是城市的世纪。每一天，都有一片土地，从乡村变为城市；每一天，都有一群人，从乡村涌向城市。随着城市的逐渐扩大，城市的边缘开始逐渐外延，城市发展过程中也出现了一系列问题。

城市化，是一个各种资源汇集的综合过程，如人口汇集、财富汇集、技术汇集、资本汇集和服务汇集。城市化也是各种方式转变的过程，[①] 人们的生活方式、生产方式、组织方式、思维方式和思想观念等各方面在城市化过程中将发生变化。

城市化进程包含着诸多方面，是城市影响、城市品牌、城市传播等外向式的扩散过程。城市化实质上就是以内向式集聚为主和外向式推延为辅的综合过程。如果一个国家或地区城市化程度不高，其工业化就难以加快步伐，信息化也难以深入发展。城市化进程虽然需要由政府主导，但它更多的是通过人们趋利、求新的生产方式、交换方式和生活方式，由"看不见的手"推动的一个过程。

自改革开放以来，中国的城镇化浪潮波澜壮阔。国家统计局数据显示，1978 年，中国的城镇化率仅为 17.92%，到 2011 年已突破 50%。截至 2021 年底，全国城镇常住人口超过 9.14 亿，城镇化率达到了 64.72%，城市数量从

---

① 陈霞. 中国经济发展的三大关键策略 ［J］. 科技资讯，2011（4）：215+217.

193 个增长到 685 个，其中上海、北京、天津三大直辖市的城镇化率高达 80%，广东、江苏、辽宁、浙江、重庆五个省份的城镇化率也都超过了 70%。城市正在改变一切，包括城市生态、经济政治、社会关系。城市发展是时代的重大主题，而城市品牌塑造是城市发展过程中的重大课题。

中国创造了世界经济发展史上规模最大、速度最快的城镇化进程。经过 40 多年的高歌猛进，中国城市化增速趋缓。据中国社会科学院人口与劳动经济研究所发布的《人口与劳动绿皮书：中国人口与劳动问题报告 No. 22》预测，我国将在"十四五"期间出现城镇化由高速推进向逐步放缓的"拐点"，"十四五"期间至 2035 年，城镇化推进速度将不断放缓；2035 年后进入一个相对稳定发展阶段，城镇化率的峰值大概率会出现在 75%~80%。①

随着城市发展迈入新纪元，城市规模迅速扩张，传统的城市规划和管理模式面临着新挑战。如何塑造城市品牌，有效吸引人才、企业和投资，既关系到城市的动态发展，也对城市管理者提出了新的要求。中国要用几十年的时间走完西方上百年的城市化进程，机遇与挑战并存。当下的中国，正在演绎着 21 世纪最为激动人心的"城变"。

乱花渐欲迷人眼。城市化进程既有成功之道，也不乏失败教训。过于迅猛的城市化浪潮中难免泥沙俱下，出现一些问题。应当说，中国在通往城市化的道路上，面临着许多难题与陷阱。比如：

• 城市定位不清，没有城市灵魂，千城一面的同质化发展问题；

• 仅停留于城市表面形象的包装，而缺乏产业造血能力，城市形象上去，综合实力下来的问题；

• 片面强调工业化，盲目追求规模速度，唯 GDP 至上，城市 GDP 上去，城市地位下降的问题；

• 城市建设破坏城市优秀的历史传统，片面追求现代化，丧失城市历史文脉的问题；

---

① 邢灿.《"十四五"新型城镇化实施方案》获批［N］.中国城市报，2022-06-13（3）.

● 城乡发展脱节，城乡二元结构的问题。

第二节 用品牌点亮城市之光

现代营销学之父菲利普·科特勒提出，一个国家、一个城市，也可以像一个企业的品牌那样，用心经营。

城市品牌必须有地域性和创新性，具有城市文化特色。城市品牌会对城市经济发展和文化软实力的打造带来很大影响。[①]

第一，塑造城市品牌不仅有利于树立良好的城市形象，更能促进城市文化的发展，提高市民参与经济建设的积极性，促进城市经济的繁荣。

第二，塑造城市品牌能够促进城市精神文明建设，培养更多人才。

在全球化和数字化的今天，每个城市都在尽力吸引游客，吸引人才、资金和投资，在这场城市间的竞争和角逐中，成功者一定是那些采取了有效营销策略、与受众建立了紧密情感关联、构建起强大品牌效应的城市。受欢迎的城市品牌，是鲜活的，有脉搏、有性格、有气质、有历史底蕴的，甚至是有点怪癖的，它使人好奇，引人探究。

强大的城市品牌会产生强大的溢出效应。例如，以环球影城为依托的"好莱坞"就成为全球影视娱乐业的聚集地，好莱坞影片因被视为"大片"而获得超高票房。法国波尔多地区整体品牌的有效营销，也使其出产的波尔多红酒获得超额溢价。

想要不断提高人们对城市品牌的认知，塑造城市品牌，有效吸引人才、企业和投资，实现城市高质量发展，就必须高度重视、认真研究城市品牌在城市发展中的重要地位和作用，打造优势城市品牌，持续提升城市品牌价值。

在经济全球化的背景下，城市的地位和发展日益取决于能否融入全球产业

---

① 刘印. 从城市品牌看文化软实力的打造 [J]. 美与时代（城市版），2021（10）：105-106.

经济联系之中，城市间、城市群间的竞争变得尤为激烈。全球化进程带来人才、资本、劳动力在全世界范围内的自由流动，城市被卷入激烈的招商引资、吸引游客、吸引人才的竞争中。竞争的最终目标是确保城市在全球市场上的竞争力。

人类社会经历产品经济、商品经济和服务经济阶段之后，进入体验经济时代。人们的生活、工作、出行都可以被界定为体验活动。如今的城市竞争不仅是规模的竞争、经济与文化的竞争，更是体验的竞争。与此同时，知识、创意、品牌等文化因素替代传统自然资源和有形劳动成为新的城市经济动力和主导力量，知识、创意成为新的稀缺资源。知识、创意、品牌阶层的相对密度与地方经济增长正相关，那些经济转型成功的城市，往往也是在知识、创意、品牌产业发展中取得突出成就的城市。

第三节　像经营品牌一样经营城市

如今，品牌的因子已经渗透到经济领域的每一个环节，一个企业是一个品牌，一个组织是一个品牌，一个人是一个品牌，一个国家更是一个品牌。自然，一个城市也是一个品牌。品牌建设能力越强的企业或城市，消费者心理价值越大、越持续，忠诚度就越高。[①]

品牌建设能力差的企业或城市，消费者更加关注产品物理属性和价格，由于心理价值低，所以更换、放弃使用成本更低，忠诚度更差，更容易被价格战影响。

具备品牌建设能力的城市，通过不断增加品牌附加值，持续构建起核心品牌价值和竞争壁垒，其发展会更持久、更健康。

那么，到底什么是品牌？品牌不仅是一个名称或标志，还是对受众的一种承诺，它传递给受众的不只是功能利益，还包括情感、自我表达和社会利益。

---

① 李光斗. 品牌，让城市更美丽［J］. 中国检验检疫，2009，328（5）：55-56.

一个品牌不只是承诺的兑现，它更像一段旅程，一段基于受众与品牌接触的感知与经验而不断发展的双向关系。

品牌具有强大的影响力，是消费者与企业关系的核心，以及战略选择的平台，也是影响收益的重要力量。一些极具竞争力的品牌都有自己的"精髓"。

市场已经进入高度竞争的时代，这就要求城市管理者必须有清晰的品牌战略，一旦找到占领用户心智的品牌定位，即刻出击、高点占位，其中品牌占位更要发挥差异化价值。总而言之，做品牌就要占据品牌制高点，这样才能聚焦认知、品类、特性和差异化。

大多数人口中所说的品牌，只是产品名称、企业名称或商标名称，并不是真正的品牌。

那么，什么才算是品牌或品牌产品呢？

首先，消费者认可、信赖并具有较高知名度的产品商标才是品牌。

其次，具有溢价能力的产品商标才是品牌。

最后，拥有大量忠诚粉丝的产品商标才是品牌。

消费者认可、信赖并具有较高知名度，具有溢价能力，拥有忠诚粉丝数量，是衡量品牌最直接、最明确的三个关键指标。

正如品牌是市场经济的产物，城市品牌自然也是市场经济的产物。一个城市最重要的软实力就是城市的品牌符号、文化符号。城市本身也是一个巨大的商品和品牌。一个良好、清晰、丰富、生动的品牌形象能为一个城市的飞速发展奠定良好的基础。

第四节　品牌让城市更美丽

越来越多的城市管理者已经意识到"城市，让生活更美好"，致力于提升城市的影响力与核心价值，让"品牌把城市变得更美丽"。许多历史名城虽然知名度很高，但这只是在历史进程中缓慢形成的城市特色，是"自发"的。随着新世纪城市化发展的浪潮，如果城市没有自己的品牌定位和营销推广，总留恋于历史的风光与传承，满足于纵向比较下的发展与进步，将不利于城市品牌的建设。

城市作为一种特殊的商品，需要用战略布局、市场眼光、经营思路来对待。城市品牌化的终极目标是提升生活品质、创造美好生活，品牌让城市更美丽、更宜居、更舒适。未来，城市品牌化的理念将从产品导向、营销导向转向品牌导向，城市品牌化的实践将从宣传导向、传播导向转向参与导向、体验导向，城市品牌化的核心也将由城市形象建设转变为获得城市身份认同。

【案例】淄博烧烤：一场"火出圈"的城市营销"盛宴"

淄博跻身"网红"成功引流，"淄博烧烤"现象引发业界疯狂"内卷"，城市营销被前所未有地重视起来。烧烤水平、营销手段、诚信服务，只是出圈的"表"；服务型政府、城市营销思维、人民至上，才是出圈的"里"。如何培养城市营销思维，又如何以现代城市营销思维提升治理能力，是各地政府的共同命题。

"淄博烧烤"成为城市营销的一个典范，由"淄博烧烤"引发的话题吸引了无数的目光。"淄博烧烤"能够出圈，在于其独特的城市营销。"淄博烧烤"这一话题通过网络和社交媒体的传播，迅速引发关注和热议，其背后是从政府到市场再到消费者的多方联动及城市营销手段的灵活应用。

以往景区火爆后物价飞涨等乱象，被淄博果断遏制，"政府限价""坐地降价"等标签给游客带来更多好感，207家党政机关事业单位更是向社会免费开放停车场和洗手间，也为淄博模式增加了内涵。

同时，"淄博效应"的外溢也带动了山东省的旅游热。在2023年"五一"旅游热度飙升榜中，排名前十的城市，山东占了六个，分别是淄博、威海、烟台、泰安、青岛、济南。与此同时,"淄博烧烤"也吸引了投资者的目光。

一、"烧烤"创造商业传奇

这场"烧烤"奇迹,始于疫情期间与一群大学生的一次约定,淄博以传统的"烧烤"产品创造的不仅是一种商业奇迹,更是一种"烧烤"文化的新媒体疯狂传播。

淄博烧烤有故事,故事发生在 2022 年 5 月份。

当时正值新冠疫情肆虐时期,山东大学有 12000 多名学生来到淄博隔离,淄博人不仅没有嫌弃,反而伸出双臂欢迎这些大学生。当地政府给学生们提供好的食宿环境,谆谆嘱咐孩子们:好好休息,好好吃饭,吃饱不想家!在送别前的最后一个晚上,淄博特地请同学们吃了一顿烧烤,并约定来年春暖花开时节,大家带上朋友再来淄博做客。

2023 年,终于等到了新一年的春暖花开,疫情散了,山东大学 12000 多名学生纷纷组团回到淄博,他们直奔烧烤摊,回味在淄博吃烧烤的味道。淄博人很实在,也很聪明,他们趁热打铁,一下子就接住了这一波带有情感温度的烧烤流量,把小小的烧烤当作一件大事来抓。同学们吃着烧烤,作着诗文,流着热泪。于是淄博烧烤火了,淄博也火了。

淄博烧烤火"出圈"是一个值得研究的城市营销案例。有网友评论说:淄博火的不只是烧烤,火的是厚德载物,火的是政通人和,火的是人情味,火的是人间烟火气,说句实在话,其实大家奔赴淄博不是为了撸串,而是因为这里有一群温暖的人和一座温暖的城!

二、城市营销,提前布局

据了解,淄博早在 2020 年就开始谋划网红城市营销和烧烤产业。2023 年 3 月,借由大学生群体推动,淄博烧烤顺势出圈。作为淄博城市营销中的种子用户,大学生群体不仅是淄博烧烤的消费者,同时也是传播者和共建者。

　　然而，靠烧烤火起来的城市，淄博并非是第一个。和众多工业城市一样，锦州的烧烤始于 20 世纪 80 年代，兴于 20 世纪 90 年代。到了 21 世纪初，锦州烧烤已经有了较大的名气，吸引了众多电视节目争先报道。在当时，不少游客慕名而来，到锦州品尝当地的特色烧烤。此外，锦州主动出击，不仅成立了烧烤协会，当地政府也开始有意识地把烧烤打造成一个文化品牌，与文化产业和旅游产业开发相互融合。

　　进入新媒体时代后，锦州也曾搭上过流量的快车。2016 年之后，在《天天向上》《舌尖上的中国》《人生一串》等节目的轮番宣传下，越来越多的游客因为烧烤奔赴锦州。锦州的旅游收入也连年增长，由 2016 年的 174.7 亿元增长到 2019 年的 244.8 亿元。2017 年，辽宁丹东曾举办烧烤盛宴，免费提供 7000 斤黄蚬子，吸引了超过 3500 名游客聚集；齐齐哈尔在 2018 年曾举办"齐齐哈尔芭比 Q 之旅"，以"美食+旅游"推动当地文旅发展。这些"操作"虽然在一定程度上推动了当地旅游业的发展，让这些地方的烧烤有了名气，但是都没有在社交媒体上形成现象级传播，也没有在短时间内吸引全国游客"蜂拥而至"。

　　然而，这些烧烤界"老大哥"都没能完成的事情，却被淄博这个烧烤界"小弟"完成了，并且是超额完成。从数十万大学生"进淄赶烤"，到连续登上热搜榜两个月，淄博成为了"顶流"。网络流量迅速转化成了文旅的"留量"。2023 年 3 月以来，淄博火车站日均发送旅客 1.9 万人次、到达旅客 2 万人次，连续 5 次打破近三年来该车站单日到发旅客数新高。全市 1288 家烧烤经营业户日均接待游客 13.58 万人。"留量"又转化成了消费，实实在在地推动了淄博的经济发展。

　　据淄博市统计局发布的 2023 年一季度经济数据，根据市级生产总值统一核算结果，淄博一季度全市实现生产总值 1057.70 亿元，按不变价格计算，同比增长 4.7%。其中，淄博消费市场复苏势头强劲。一季度，全市实现社会消费品零售总额 313.6 亿元，同比增长 8.3%，分别高于山东全省 2.7 个百分点、全国 2.5 个百分点。

2023 年"五一"假期，淄博成功跻身为旅游热门目的地，创下近 10 年来的客流量最高纪录。当地知名打卡地"八大局便民市场"登顶全国景区排队榜单；淄博站累计发送旅客超 24 万人次，较 2019 年同期增长 8.5 万人次，增幅达 55%。

巨大的流量推动了淄博"烧烤"的出圈，让淄博烧烤产品也成为投资领域的热议话题。多家上市公司被投资人追问有无"淄博""烧烤"相关业务，券商也组织分析师奔赴淄博实地调研。据了解，国泰君安分析师组团前往淄博，逛淄博烧烤一条街，调研酒店民宿入住率、烧烤消费实况。此外，浙商证券、德邦证券的分析师则围绕"淄博烧烤"发布了相关研报。浙商证券建议关注出行链的投资机会，包括酒店、景区表演、餐饮等标的。国泰君安则看好烧烤场景内的啤酒消费。淄博烧烤的火速蹿红也引起了交易所的重视，相关调研和服务活动也快速跟上。

淄博烧烤让很多城市赶来"补烤"。2023 年 4 月 16 日至 18 日，锦州市凌河区赴山东淄博张店区和临淄区考察调研烧烤产业发展情况；同月 24 日至 26 日，锦州市太和区赴山东潍坊、淄博等地开展招商考察活动；还有河北省定州市、河南省信阳市商务局、天津市河北区等，分别到淄博进行招商考察和学习调研。淄博营销战略可谓给各个城市做了一个示范。

三、精准把握流量

城市营销非常关键的环节是对媒体的运用，特别是新媒体。毫无疑问，淄博烧烤火爆的背后是新媒体的推动。百度、微博、微信视频号、抖音、小红书等，哪里有流量哪里就有淄博烧烤。淄博烧烤近期连续登上抖音、微博、B 站等各大平台热搜榜。"人间烟火气，最抚凡人心。""小串+小饼+香葱"这一套烧烤吃法，让淄博这座老工业城市走进大众的视野。天眼查显示，就在走红后的一个多月时间内，淄博新增了几百家烧烤企业，接近 2022 年全年新增企业数的一半。

之前淄博旅游打的一直是文化牌，自打成为烧烤热门打卡地后，整个淄博都玩起了以烧烤为主题的新游戏。淄博政府趁热打铁，专门召开了发布会，宣布"五一"要搞一次淄博烧烤节、淄博烧烤季；开通专门的烧烤专线；免费开放A级景点；成立相关的烧烤协会；发布烧烤地图，要把"流量"变"留量"。

与此同时，淄博烧烤的火爆也带动了周边。从营销角度来看，山东淄博烧烤的走红，有以下方面的助力：首先，淄博烧烤在社交媒体上的传播起到了关键作用，尤其是在抖音平台上的火爆，带动了更多用户的参与和关注。其次，淄博市政府和当地企业积极推动淄博烧烤产业升级和发展，通过提升淄博烧烤的品牌形象和服务水平，吸引更多消费者前来体验淄博烧烤，促进了淄博烧烤产业的发展。此外，烧烤店常采用赠送饮品的方式吸引顾客进店消费，这种简单的营销策略也为淄博烧烤的推广提供了一定的帮助。

淄博烧烤热度的攀升，线上打卡与线下流量承接、接地气的招式等是关键。对任何地方来说，热度都是短暂的，但淄博一系列的组合拳无疑让一个传统的工业城市打造出了第二经济增长曲线。在如今的互联网时代，真正有效盘活经济需要接地气的招式。不少网友用"主打一个真诚"这样的流行语来形容和评价当下的淄博。淄博今天的"出圈"是长期积淀的结果。在淄博烧烤真正崭露头角之前，已有网红、大学生打卡等一些预热行动。关键是淄博政府能迅速从互联网接梗，真正实现了"线上线下一体化"流量运作。

不同于许多旅游城市火了之后出现大规模涨价、宰客等现象，淄博出台了严控价格的政策，同时为外地朋友送上当地的伴手礼，一下子把形象分拉满。此外，大量的公务人员和当地商户联手操作，不断提升当地服务质量。这场政府造势搭台、上上下下齐出动的城市营销活动逐渐被推上了高潮。

淄博火爆背后，稳定的供应链能力发挥了重要作用。人民启信数据显示，山东是餐饮行业传统强省，2022年山东餐饮营业额总量仅次于广东，达到3828.2亿元。同时，山东也是肉类蔬菜输出大省，有着强大的供应链能力，为旺盛的市场需求提供了有力支撑。

如今越来越多的消费者愿意为情绪价值买单，不仅是用钱购买商品本身的价值，更乐意花额外的钱换取商品附加价值的体验感、仪式感，并从中获得快乐。淄博烧烤正好符合这个模式，食物是其次，这种行为带来的情绪价值才是消费者真正追求的。因此，在此消费趋势下，不断孕育个性化、多样化的新消费场景，才是城市营销的切入点。

四、城市营销背后的"人情味"

"淄博烧烤"是由淄博市政府牵头、全市居民共建的一个城市级IP。表面上各地游客去淄博吃的是烧烤，但其IP的灵魂是良好的社会治安环境、热情的城市服务以及诚信经营、童叟无欺的旅游消费氛围。城市营销的背后是浓浓的"人情味"。

淄博烧烤味道如何很多人可能并不特别关心，当附加值大于烧烤本身时，传播的影响力便显露无遗。"185小哥哥接站、私家车免费送客、高铁专线"等附加话题反而为淄博烧烤的传播提供了持续不断的话题，使烧烤成为一种时尚潮流。

淄博烧烤不仅是一种食物，更是一个城市的新名片。"淄博烧烤"的爆火，将"好客山东"传播致远，这也对当地政府的接待能力提出了挑战。淄博政府快速响应停车、交通、上厕所等问题，同时不断发布公告，态度诚恳、谦逊，不断给淄博的城市好感度加分。

淄博通过社交媒体等新媒体平台进行广泛传播，提升了其品牌的知名度和影响力。同时，通过打造独特的烧烤文化IP，带动了烧烤产业外延效应和话题性。

烧烤并不是淄博最重要的产业，相比东北烧烤、济南烧烤也没有特别的优势，但淄博凭借一份情感、一份烟火气和一份诚信，创造了国内城市品牌的"神话"。同时，带动周边城市旅游产生溢出效应。事实证明，每座城市都有自己的禀赋和价值，重要的是找准自己独特性、差异化的竞争优势，然后坚定不移地聚焦传播，同时强化产品、扩大优势。

淄博烧烤品牌注重将本土文化和地域特色与烧烤相结合，既符合人们对于美食的追求，又激发了人们对于文化和地域的认同感。与此同时，当地政府也制定了诸多方便消费者的举措，如开通高铁专列、机场接送、送礼品等，拓展了城市品牌流量。

在"淄博烧烤"传播过程中，淄博市政府牵头打造的拥有内外核的"淄博烧烤"这个产品或优质内容，成为其迅速传播的基础。淄博善用制作与传播优质的 BGC、PGC，引爆 UGC，使话题能够在用户间发生裂变。截至 2023 年"五一"假期结束，淄博烧烤微博话题阅读量超过 7 亿次。此外，在抖音和快手平台，淄博烧烤相关视频播放量更是达到了 105 亿次，小红书笔记超过 67 万篇。这些数据，足以让"淄博烧烤"成为 2023 年最优秀的营销案例。

【案例】成都：宜居的网红城市

成都的闲适与恬淡成为城市宜居生活的最佳代言，"宜居成都"是由自然环境、社会人文环境和经济发展共同决定的一种生活方式，呈现出城景交融、田园相连、山水相依的空间格局。

一、宜居魅力

在当今城市化急剧扩张的背景下，每天忙忙碌碌的现代人对于高品质、宜居的生活充满着向往与追求，而通过"宜居成都"获得高品质生活与体验，是对成都宜居形象最好的概括，是在成都厚重历史文化基础上对时尚、潮流、健康、文明与和谐等现代化元素的凝结与提炼。事实上，"宜居成都"的高品质生活主要由三方面构成：一是由生态环境、气候条件以及自然人文景观构成的自然环境品质；二是由人文底蕴、城市精神和城市服务水平铸就的社会人文品质；三是由物质财富和经济活力决定的经济发展品质。①

成都素有天府之国、蜀中江南、蜀中苏杭的美称，张艺谋执导的宣传片《成都，一座来了就不想离开的城市》，将这座千年古城的休闲气质表现得淋漓尽致，而成都人淡定而洒脱的生活方式也成为人们津津乐道的谈资。②

成都的宜居，主要得益于以下四个方面：

1. 合理利用与开发休闲旅游资源

成都市的传统休闲旅游资源较为丰富，截至2022年9月，全市共有国家A级景区92家，其中：5A级景区2家；4A级景区50家；3A级景区27家；2A级景区12家；1A级景区1家。截至2015年，全市共有A级旅游景区77个，星级宾馆130家，旅行社406家。知名度较高的旅游资源包括道教圣地青城山、世界上最古老的水利工程都江堰等世界自然与文化遗产项目，杜甫草堂、武侯祠、金沙遗址、三星堆遗址等历史文化景观，春熙路、琴台路、锦里及宽窄巷子等现代商业景观。在对这些传统历史文化景观资源合理开发与利用的同时，成都市政府还积极主导开发新的旅游休闲景观，如花舞人间、五凤古镇、白鹿中法风情小镇、成都天府青城康养休闲旅游度假区、蒲江大溪谷旅游度假区、温江万春国色天香旅游度假区等一批省级旅游度假区，以满足居民与游客多元化的休闲旅游需求。

2. 塑造多元化的休闲文化形态

在休闲文化层面上，成都市积极打造多元化、彼此和谐共存的休闲文化形态，提升其感染力、凝聚力和辐射力。成都市的休闲文化类型丰富，既有川剧变脸、茶馆、川菜等大众通俗休闲文化，又有咖啡馆、酒吧、高尔夫俱乐部、文化沙龙等精英文化和时尚前卫的现代文化，以及丰富浓厚的宗教文化与贴近生活的街头文化等。

① 杜文.成都仍是宜居天堂［N］.成都日报，2008-09-22（B01）.
② 张元忠，赵圆媛，邓果，向朝伦.魅力怎样炼成［N］.四川日报，2009-04-29.

在传统民俗文化方面，成都市积极塑造茶馆文化与川菜文化这两个传统文化品牌。成都茶馆之多，堪称中国之最。通过茶馆文化延伸出来的麻将、川剧、评书等休闲活动，体现的正是成都人与生俱来的休闲观念，他们在休闲中品味生活、体验生活。饮食文化方面，最为经典的是川菜，川菜是中国四大菜系之首。成都也是正宗川菜的发源地，从宅院深处的谭氏官府菜，到平民百姓的坝坝宴，川菜以"一菜一格，百菜百味"的鲜明特色赢得了赞誉。

在现代文化塑造中不断凸显现代化时尚与艺术休闲元素。首先，成都市不断引导文化创意产业集群化发展。例如成都蓝顶艺术中心，自 2003 年成立后，它逐渐成为成都乃至全国的当代艺术瓷厂，成为继北京 798 艺术区、上海西岸之后中国第三大艺术群体集聚区。其次，创意集群的特色化发展也得到合理引导。例如，"荷塘月色"形成了画意村；"东篱菊园"形成了摄影艺术村；"幸福梅林"形成了传统文化民俗艺术村；"江家菜地"则形成了雕塑艺术村。

3. 积极完善休闲文化设施

成都市在积极发展休闲文化的同时，也非常注重休闲文化相应设施的建设与完善，为数众多的音乐厅、剧院、图书馆、博物馆，成为成都的另一大特色，为"宜居成都"的内涵提升提供了良好的条件。①

4. 合理统筹，科学规划休闲旅游与文化发展

政府在政策层面上，对休闲旅游与文化发展进行大力扶持，出台的一系列规划政策不仅从组织、制度、土地、金融等方面对休闲与文化发展提出了科学规划与指导，而且还指出了成都未来休闲旅游与文化的发展目标。

二、网红之城

随着城市营销、城市品牌等概念的兴起，城市间的竞争越发激烈。如何为城市赋能，为城市发展助力，成为城市发展的重要议题。成都凭借着先天优势

---

① 张劲松. 成都宜居价值再探［N］. 中国房地产报，2009-12-07.

和后天努力，在"千城一面"的城市竞争格局中脱颖而出，不仅成功塑造了城市品牌，还成功打造了以城市空间承载的具有传播力和影响力的城市空间媒体。

城市空间的发展与功能的设计都是持续性的，在不断地改进和更新中丰富、优化。成都自建城起至迈入新世纪，经历了从"传统城市设计"向"当代城市设计"的转变过程。

城市表现为一个有着复杂整体结构的空间体系。如何把握其尺度和准则，实现有靶点的资源开发，是关键问题所在。成都给出了它的答案。

2017年底，成都提出了建设"三城三都"城市名片的目标，致力于将成都打造为世界文创名城、旅游名城、赛事名城和国际美食之都、音乐之都、会展之都。在此基础上，以TOD重塑城市空间形态，建构十大消费场景，打开未来城市新图景，推动各要素在城市内部高效流动。

2020年4月，《成都市建设高品质科创空间行动方案》正式出台，成都市发展改革委将科创空间建设的意义解读为：有利于进一步提升城市核心功能能级；有利于进一步增强城市未来产业引领力；有利于进一步建强产业功能区。建筑面积100万平方米的科创空间建设将聚焦"5+5+1"开放型现代化产业体系，以融合化为路径，充分整合产业资源、技术资源、品牌资源、市场资源、政务服务，促进产业生态、创新生态、营城生态、环境生态深度耦合，打造产业资源集聚平台与价值创造平台。

成都的人文精神之一，是强调城市的"生活性"，关注城市对人的作用和使用价值。市民生活是成都的底色，"休闲""慢节奏""舒适"等是成都市和成都人给外界留下的城市印象，而这种人文精神也体现在城市公共空间规划中。

随着城市化的进程加速，城市空间开发逐渐进入存量时代，想要把握存量时代下城市更新和未来发展，存量空间的提质更新"势在必行"。

一方面，以"空间+活动"的组合，强化城市传播性能。城市公共空间的使用价值之一体现在空间之内的广泛交流和互动。与经济、文化、娱乐、体育相关的多形式的大型活动可以有效吸引人们的注意力，成为城市传播内容的构成要素，同时强化城市作为承载传播活动"容器"的性能。成都市政府和各类企事业机构是当地城市活动的主要承揽者。

在各类活动中，超大体量、强凝聚力、强传播力的赛事活动可以成为传播事件，聚焦对成都整体城市形象的宣传和传播。2019 年成功举办的第十八届世界警察和消防员运动会，就推动了成都在"全球赛事影响力城市"榜单中的名次提升。时任成都市体育局副局长高伟对此活动表示：一个独立的运动项目能扎根或持续性地在成都举办，会加快城市被知晓的速度。由此可见，大型赛事活动在助力成都不断学习、积累经验的同时，也向外界传达其具备承接大型赛事或传播活动的能力，吸引更多的赛事活动落地生根。

相对专业化、垂直化、小体量的城市活动，有助于增强城市细分标签的鲜活性。例如，成都市政府近年来将推动城市音乐产业发展提上日程，以举办更大规模、更多类型的音乐节等活动打造城市音乐品牌。除了"蓉城之秋"成都国际音乐季等城市自有音乐节品牌外，成都也在吸引更多具有创造力和影响力的外来力量。其中，小众音乐节值得关注。自有着"亚洲第一音乐节"之称的草莓音乐节首次设立成都舞台以来，战国迷笛音乐节、AYO 等知名音乐节也先后落地成都，年轻的文化活动为城市注入了更多新活力。这些城市活动在丰富市民精神文化生活的同时，也成为城市引流的新标配。

另一方面，以"空间+科技"的融合，提升空间可沟通性，丰富和完善城市空间本身的传播构成。以智慧城市发展为代表，数字技术和传输技术的发展促进了对城市现代化的改造，进一步加快了打造感官城市的步伐。2020 年 10 月 23 日，成都市人民政府印发的《成都市智慧城市建设行动方案（2020—2022）》中明确提出了到 2022 年建成成都市智慧城市建设行动框架，达到有效提升城市综合治理现代化水平的目的。

另一个技术改造空间的典型例子是成都宽窄巷子和太古里。2019 年，成都市青羊区政府和成都文旅集团联合中国电信四川公司，聚焦时下火热的5G示范街建设，在宽窄巷子景区着力打造"科技+消费"智慧旅游街区。目前，已经实现了5G信号覆盖、人脸识别技术、物联网智能管控的广泛应用等举措，尤其是5G技术赋予了VR更丰富的应用空间。例如，游客在等待饭菜上桌的空闲时间便可通过VR设备欣赏川剧变脸等传统技艺表演。

2020年国庆期间，"成都太古里裸眼3D屏"成为微博热搜，在本就熙熙攘攘的商圈中制造了另一个超级话题。2020年12月1日，数字艺术项目"好看成都"短视频大赛正式开启。大赛中的不少短视频作品就通过太古里这块裸眼3D屏呈现在世人面前，创造了又一波话题热度。①

三、借势而起

媒介是影响人们对于城市的理解和期待，建构人们对于城市的空间想象的重要方式。随着移动终端的普及，移动媒介为城市传播提供新平台的同时，也带来了新的挑战。成都市积极转变传播策略，重构了城市传播生态。其中，打造"网红城市"和"网红景点"等成为其在社交媒体时代城市传播话语之一，扩大了城市的传播力和影响力。

一是政府"搭台"、民众"唱戏"，促进城市广泛传播。近年来，成都市逐步改变了由政府和当地媒体主导和主控城市传播的传统思路，更多地让机构与个人在新媒体平台上扮演传播主体的角色，民众走到了"台前"。"好看成都"短视频大赛就是一个典型案例。大赛主办方和承办方以奖金激励、网络红人带头等手段调动市民和游客的参与积极性，邀请广大市民和游客通过内容创作和分享的方式参与到城市景观和城市文化的传播扩散中。这种"反客为主"的传播思路也是成都近年来能够成为"网红城市"的重要原因。

2020年，从抖音平台上的UGC内容体量及其传播力来看，超过790万人次发布了4000余万条带有成都POI的视频，总观看量超过2000亿次，传播效

---

① 孙全巧. 成都："网红"城市的媒体化道路 [J]. 国际品牌观察，2021（15）：48-52.

果显著。① 大量普通用户贡献的、带有个性特征和主观意识的内容，改变了城市传播格局中的"官方"格局，塑造了一个与空间、地理相呼应的"网络化"成都，多维度、立体化地构建起独特的城市空间。

二是在充分调动民众参与的同时，不断加强自身媒体建设。除了传统的"两微一端"外，成都也积极布局短视频等新媒体平台，扩大对外传播。2018年，成都与抖音合作，包括成都大熊猫繁育研究基地在内的 39 家政务机构集体入驻抖音，官方话语以制造者与推动者的身份参与到城市的对内对外传播中。2020 年，《四川日报》官方抖音号发布五岔子大桥推介视频，以大桥"莫比乌斯环"的外观特点为传播主题，塑造了五岔子大桥具有科技感和未来感的意义空间，制造热门话题，成功吸引了更多人以"抖音打卡"的形式体验这座"网红桥"的独特魅力。

三是借势传统媒体，城市知名度和影响力再扩大。首先，与公信力传统媒体保持良好合作，通过权威媒体为城市做有力的信用背书。2017 年，成都市青羊区和上海第一财经成为宣传战略合作伙伴，助力成都建设西部文创中心。在第一财经旗下新一线城市研究所推出的《城市商业魅力排行榜》中，2017~2020 年，成都连续五年排在新一线城市榜首，新一线城市的名号也由此打响。

其次，积极借力以影剧综为代表的长视频内容形态作为重要的传播窗口。早在成都市积极推动在《功夫熊猫 2》中大量植入成都元素就可以看出，成都市宣传部门对这类内容宣传价值的认可和实践。2019 年，成都兴城集团与天府绿道公司主动出击，向《心动的信号 3》节目组推荐将成都作为拍摄地。此次合作，节目组将"心动小屋"建在成都天府绿道锦城绿道上，武侯祠、成都火锅、天府绿道、环球中心……成都的都市生活和市井百态都在节目中有所展现，节目播出后也引起了广泛关注，不仅加深了观众对成都的理解和认知，还衍生出一批"打卡地"，吸引观众线下体验。

---

① 孙全巧. 成都："网红"城市的媒体化道路 [J]. 国际品牌观察，2021（15）：48-52.

"网红成都"的城市建设已卓有成效，但不可忽视的是在这之中仍存在一些问题。一是在城市空间开发过程中，出现的"异化"。建筑作为城市文化和生活的空间载体，预埋着一定的社会价值取向，在这之中，要警惕猎奇求怪等消极的价值取向，以免潜移默化地影响人们的价值判断。二是在城市传播和运营过程中，多且分散的城市形象定位，特点不突出，传播力量分散。三是城市传播中"网红城市"是一把双刃剑，高关注度带来的潜在风险也更大，一旦有负面信息出现，则要求高效的危机公关预警机制及时处理。

近几年来，随着传播环境和技术生态的进一步发展，为城市开发和运营带来了更多想象空间和未来愿景。对成都来说，如何可持续地释放城市的媒体价值，深入城市肌理，融入文化底蕴，关注公共价值，为城市发展"续航"，还需要不断地探索，挖掘更多的可能性。

四、可圈可点

汶川地震后，成都发起了一系列的城市营销活动，成效突出。特别是以"I Love This City"为主题的城市宣传片，显现出这座城市的魄力，化危机为先机，化被动为主动，在最快的时间里展现给世人美丽、平静、安定和充满生机的城市形象。此后再接再厉，在城市营销方面不断创新和开拓，受到媒体和公众的瞩目。2009年，成都正式提出了"建设世界现代田园城市"的发展战略，城市营销进程也随之加速。"让成都走向世界，让世界消费成都。"成都的一系列国际营销活动，传为业界美谈。

2010年，成都推出"全球征召熊猫守护使计划"，向全世界提供照顾大熊猫1个月的机会，共有52个国家和地区超过6万人提出申请。2011年，主题为"典型中国，熊猫故乡"（Where Pandas Live，Chengdu，Real China）的形象宣传片亮相美国纽约时代广场；同年，凭借"成都元素零成本植入《功夫熊猫2》"传播案例获得2011年中国际广告节年度大奖——"2011年城市品牌卓越营销奖"；"成都借力《功夫熊猫》传播城市形象"，获选"中国最具影响力的十大旅游营销事件奖"。2012 年 7 月，成都借力伦敦奥运，在英国伦敦市中心的特拉法加广场等地举行视觉秀"熊猫太极"，此举吸引了全球 120 多家媒体对"成都"的报道。2013 年 9 月，亚太旅游协会（PATA）旅游交易会在成都举办，标志着四川旅游的影响力获得更大的认可。2013 年"财富全球论坛"和"世界华商大会"两大国际财经盛会先后在成都举办，更是成都城市营销的华彩篇章，"财富之城、成功之都"的城市形象得到进一步强化和提升。

成都非常重视网络营销和新媒体营销。在网络营销方面，曾借力即时通信平台（MSN），呼唤全球游客来成都"分享幸福"。成都还是谷歌城市营销的第一个客户。自 2008 年成都对外宣传门户网站"熊猫故乡"（Panda Home）新版上线启动仪式在成都隆重举行后，成都的城市营销驶入网络快车道。"熊猫故乡"英文版包含成都的自然环境、经济环境、投资环境、风土人情、人力资源等内容，为欧美游客了解成都、认识成都打开了一扇窗口。

成都还积极借助网络来宣传城市。成都的新媒体营销可圈可点，率先开通各级官方微博，及时更新信息，与全球各地网民随时互动。

成都的节庆会展营销非常成功，极大助力了城市品牌的塑造与推广。近年来成都举办过大量具有国际影响的节庆会展，增强了城市的美誉度，拉动了城市经济的增长。

成都的城市营销，立足城市软实力，技高一筹。成都提出了"世界现代田园城市"的发展战略，通过整合资源、调整产业结构，通过城市文化的魅力和休闲生活方式等柔性攻势，通过幸福指数的彰显，实现了单纯招商引资所难以企及的目标。成都的城市软实力，首先表现为文化与旅游产业的结合。文化与旅游产业的高效融合集中体现在成都锦里。我国与三国文化有关的祠堂有十多座，与三国故事有着密切关系的城市有成都、襄阳、荆州、汉中、宜昌等地，然而，从"三国"中获益最多的当属成都，只有成都将武侯祠当作一个特殊的文化产业基地来打造。其次，成都善于通过文化旅游创意产业来提升城市形象。成都发展文化旅游创意产业的资源得天独厚。近年来，成都的动漫、软件、文化娱乐、演出展览、数字娱乐、文化旅游、艺术教育、音乐及影视发行等迅速成长。成都本质上就是一个充满创意的城市，其独特的城市魅力正源源不断地为创意产业注入活力，体现出巨大的经济与社会价值。

总体来看，成都的城市形象宣传可谓眼光独特、细致入微。针对不同的受众群体，进行细分营销。针对不同受众的认知偏好，分别实施"三国文化"战略与"熊猫"战略。对内的营销也在努力用具体的城市产品和理念来打造城市品牌。在城市营销过程中，成都还逐渐形成了一套自己的话语，如"大熊猫""金沙""诗歌文化""三国文化"等。① 如果说四合院是老北京的城市符号的话，那么，宽窄巷子则是成都的城市标记，可谓家喻户晓、游人必至。美国《纽约时报》评出 2015 年世界上 52 个最值得旅游的世界城市，即游人"必到的旅游胜地推荐"，中国只有两个城市上榜，其中成都在列，另一个则是周庄。

---

① 赵华文. 经营出来的中国第一大内陆城市［J］. 中国西部，2009（Z3）：56-57.

第二章

城市品牌环境的变化

城市品牌建设与技术发展息息相关。新一代信息通信技术的发展催生了多形态智能化终端，设备之间的互联加速了数据的产生，各种智能应用使数据呈井喷式增长，基于大数据的智慧城市建设将成为社会发展的趋势。①

第一节　信息技术，催生城市营销变革

近年来，一些城市在抖音上受到热捧，如重庆、成都、西安、长沙等。无数人被这些城市的景点与美食吸引，纷纷前往打卡，不仅带动了地方的文旅经济，还大幅提升了这些城市的知名度。究其原因，正是新技术、新媒体的城市营销颠覆了传统的城市营销思路，让城市能够在较短时间内成为热点，取得较好的品牌效果。

在网络技术飞速发展下，大数据时代已经到来。同时，新媒体技术的迅猛发展得益于新媒体技术不断突破产生的引领和支持。以数字媒体、网络技术与文化产业相融合而产生的新媒体技术产业，正在世界各地高速成长。新媒体技术是融合了数字信息处理技术、计算机技术、数字通信和网络技术等的交叉学

---

① 邬思佳. 基于大数据技术的智慧城市建设 [J]. 智能城市，2021，7（3）：31-32.

科和技术领域。

进入 21 世纪以来，学科交叉融合加速，新兴学科不断涌现，前沿领域不断延伸。以机器人、大数据、云计算、人工智能、区块链、5G 等为代表的新一轮信息技术革命成为全球关注焦点。欧洲、美国、日本等发达国家和地区争相竞逐新一代信息技术市场蓝海。

未来 10 年，信息技术的长远发展，意味着计算从赛博空间进入人机物三元世界，通过云计算、物联网、移动通信、光子信息等技术支撑，进行个性化大数据计算。人机物三元融合将使信息科技沉浸式渗透到实体经济和社会服务中。传统计算机科学将演变为人机物三元计算信息科学，传统信息技术将升级为"端—网—云"信息网络技术，出现新的硬件、软件、应用模式、协议和标准。

经过数十年的发展，数字经济所依托的基础软硬件技术和产业取得了较大进展，初步形成了比较完整的产业链。未来 10 年，得益于我国政策规划、产业结构升级效应、数据资源禀赋效应，数字经济将迎来发展的机遇期。

在互联网瞬息万变的时代，对于聚焦营销的群体来说，新技术的诞生只是让人们多了一个工具去创造更好的用户体验。H5、直播、短视频是创意技术与媒体技术融合的现象级产品。在技术越发成熟的今天，城市品牌营销者应该抓住时机，以创意力量去创造内容、互动，并投入新媒体运用，这既能取得很好的传播效果，也能让受众的碎片化时间变得更加丰富多彩，更有利于城市品牌的形成、传播。新技术在品牌营销领域将大有可为，整个营销生态圈出现了不少精彩的、新的技术营销尝试。

不断更迭的广告技术、营销技术所带来的冲击力很大，它要求我们要快速融合数字、技术基因，不仅是去连接消费者，掌握消费者动机，同时也要挖掘消费者潜在需求，更好地理解消费者，产生更有吸引力、传播力的创意。

在我国，政策层面已有针对人工智能的整体规划。从《政府工作报告》、"一带一路"倡议等对人工智能的重视程度可以看出我国发展人工智能的决心。作为人工智能商业应用的重要领域，整个营销领域将发生翻天覆地的变化，它不光会影响绝大部分城市的品牌营销行为，更重要的是会影响我们每一个人。

以 G20 杭州峰会为例。2016 年 9 月 4 日，G20 峰会"最忆是杭州"文艺演出在杭州西湖岳湖景区上演，这是一场在杭州峰会上呈现的大型水上情景表演交响音乐会，也是国内首次在户外的水上舞台举办大型音乐会。这场音乐会脱胎于《印象西湖》，由张艺谋亲自执导，整场演出在室外水上使用全息投影技术，将科技手段和自然环境完美融合，中西合璧、美轮美奂，给国人留下了深刻的印象。此次峰会确立了"构建创新、活力、联动、包容的世界经济"的主题，将在联合国大会上通过的《2030 年可持续发展议程》作为行动方案的目标，并首度提出支持非洲国家和最不发达国家工业化合作倡议，这也是杭州城市品牌发展史上浓墨重彩的一笔。

第二节 社交平台——城市营销新领地

2021 年亚洲百强城市排行榜在日本东京发布，东京、新加坡、上海位列排行榜前三，中国其他一线城市北京、广州、深圳和香港等也毫无悬念地上榜。除此之外，在朋友圈爆火的旅游网红城市成都、重庆、长沙、杭州、南京等，以及因《你好，李焕英》而成为旅游热点城市的襄阳也位列其中。

旅游网红城市往往意味着良好的城市品牌形象和基础设施，繁荣的经济活力，以及发达的文化产业、创意产业，培育出一批如大唐不夜城、超级文和友、宽窄巷子等网红项目。网红城市的成功能否复制？网红城市能火多久？谁将成为下一个网红城市？

不知从什么时候开始，"喝一杯茶颜悦色，吃一顿口味虾，去超级文和友排队打卡……"的操作成了人们去长沙旅游刷屏朋友圈的"标配"。可别小看了这波"刷屏",长沙的走红正是因为社交媒体的广泛传播。

一方面,通过打卡网红景点并在各类社交平台上发布,可以展示自己的生活获得他人关注。在游客拍的短视频中,景点和美食往往更接地气,更能近距离体会一个城市。朋友们都喜欢去的"打卡地",自己也去打个卡,彼此之间用一种全新的方式连接,这也是一种社交新形态。[①] 另一方面,带有个人性格特征和主观意识的内容体现出明显的差异性,改变了千篇一律的宣传内容,不仅确保了讨论的热度与新鲜感,还调动了游客记录和发现城市魅力的积极性。

我们看到,随着移动互联网的崛起,媒体进入社交化时代。人人都是内容生产者,任何一个移动终端都能成为传播渠道,微信、微博、今日头条、抖音、快手、Vlog 等各种移动化应用成为用户交流消费信息的平台。

相对于如今国内"一锅出"的现象,国外社交媒体则更差异化和单一化。这里的"单一",是指某个平台主打什么运营模式就专注做其本项。举个简单的例子,一提到基础交流就会想到 Facebook、Twitter 和 Skype,而图片分享软件非 Instagram 和 Snapchat 莫属,视频网站当仁不让就是 YouTube。这种"各司其职"且"单一"的运营一种内容的社交模式,是现今国外较为流行的传播方式,其特点是生态独立,平台间竞争小。

而我国国内的社交媒体呈现以下特点:一方面,社交媒体量出现井喷式增长,进入了微信息新媒体社交时代。由于中国人固有的社会关系影响着网络社交的发展,人们更愿意回归小范围群体间的内容传播,使信息碎片化,也就是熟称的人脉圈子,不同的群组有不同的分类,分享着不同或相同的信息。西方国家的民众更在乎独立个体,而中国人倾向于"隐私"的保护和"敏感"信息的分类。

另一方面,"综合性社交媒体"是符合当今社会且更有研究意义的一个时代课题。何为"综合"?简单解释就是电子商务、游戏、分类信息等与社交媒体相结合。社交媒体不再仅限于资讯的交流和分享,而是发展为商业模式的一

---

① 李雪钦. 塑造竞争力"网红城市"如何才能"长红"?[J]. 公关世界,2020 (17):56-57.

部分。因此，在对待社交类媒体上，不能只想着制作内容，而应开发具有整合性功能的内容，甚至服务。

在跨平台、多应用的综合性社交媒体的大方向下，社交媒体发展更趋向于娱乐化和电商化。所以，其最大的受益者便是电商营销和网络红人生产链。电商在推动品牌营销时，不会限于在某一平台做某一营销形式的"专营"，而是会尽可能多地在各大平台（微博、微信、淘宝、京东、天猫等）进行多功能全方位营销（图片、视频、VR、导购软文、测评等），这也印证了我国的社交平台更"综合化"的特点，一个应用什么功能都涵盖，但是相应地，平台的竞争也大。

电商在多平台推动话题热度达成不同市场营销目标的同时，还引出了另一个受益方——KOL（意见领袖/网络红人）。"网红"近年呈现出水涨船高的趋势，网络剧和电商的推动，以及越来越多综艺节目的网络化，培养了一大批"网红"，导致一些品牌从以前的制造趋势转化为跟随趋势，一个事件、一个举动便能造成数字媒体的"爆炸点"！

在注意力经济时代，将线上流量转化为城市核心竞争力，最终成功引流并形成产业集聚效应，才是城市打造"网红标签"的最终目的。[①] 虽然热点一直在轮换，但是像西安这种具备优越资源的城市本身就是具有吸引力的，只要用心挖掘城市的特色，掌握如今社交媒体的传播规律，走红甚至长红也在情理之中。

第三节　圈层崛起，让所有人喜欢是悖论

中国经济已由大众消费经济时代进入到一个小众消费经济时代，也称为"圈层经济"时代。在大众消费经济时代，比的是规模、产能、品牌、质量

---

① 王玥.创意经济为大湾区建设插上新翅膀［N］.深圳特区报，2022-02-22（B04）.

等。例如，在移动互联网时代，网红带动产品销售的现象比比皆是。

大众消费经济时代，是从商品到人；圈层经济时代，也就是小众消费经济时代，则是从人到商品。每一种类型的用户都有不同的消费特征，都有他的社交圈层及喜好。消费需求不一样，所对应商品的功能、格调、品位也都不同，城市营销也要相应地做出调整。

作为一个平台，要想在圈层中迅速集结、转化，必须要寻找一群对自身平台有认同感的人，通过紧密的互动，使这群人与平台产生联系，进而去影响更多的人，最终形成平台专属的生活方式，这便是平台圈层营销的本质。

城市营销是圈层的另一种维度，正悄然成为品牌跨界的新选择。

首先是网红城市的崛起。最近几年随着新一线城市快速崛起，不同城市开始形成不同的气质，这让品牌跨界城市有了着力点。其次是圈层化。整个互联网环境是大而全的，现在做传播所感受到的无力感来自物理圈层的模糊和心智壁垒的强化。但城市不一样，它是真实而具体存在的。生活在一座城市中的人，对城市有强烈的归属感与认同感，这是最好的品牌着力点。

一是通过人的维度。此时此刻生活在这座城市的人，共同构成了一座城市的情绪，品牌跨界城市的核心是捕捉这座城市的情绪，与这座城市的人产生共鸣。

二是城市的故事。巴黎与纽约、北京与上海，每一座城市发生的故事都不尽相同。关于梦想与奋斗，关于可能性或舒适感。人与城市的关系，构成一座城市独特的故事，品牌要在这些故事中寻找城市精神、表达品牌精神。

三是在形式上，依据品牌的诉求定制。可能是线下活动或者事件，比如火爆全网的"淄博烧烤"，正吸引着全国各地的游客扎堆前往山东淄博。或者是记录形式的品牌故事，比如 MINI 跨界李佳琦探寻上海的故事。甚至是在产品层面进行融合，比如李宁跨界城市的服装系列。

总之，品牌跨界是通过对城市情绪与精神的洞察，获得城市的认同感，塑造品牌的气质。

第四节　新精致主义，城市消费的物种进化

目前，城市消费发生了巨大的变化。无论是以"90 后"为代表的年轻人，还是以"80 后"为主的新中产阶级，对品质的追求不只是产品层面，还渗透到日常生活的每个细节。通过对每个细节独特的考究、关注和品味，达成了自我从外在到内涵的满足感，于是催生出了新精致主义。

新精致主义是消费者对更美好生活的自我满足。例如，为了引领新精致主义的消费趋势，青岛啤酒推出全麦白啤，主打"精酿生活方式"。①

新精致主义不是简单的形式主义和仪式感，互联网时代，掌握了更多消费前沿信息的消费者，对于产品和服务细节有着越来越极致的要求，对于生活细节不愿"将就"，产品和服务要有文化内涵，而且，好物品就是为了表达和成就更好的自我，新精致主义已经渗透到日常生活的方方面面。

以吃为例，艾媒咨询数据显示，2020 年我国休闲零食行业规模突破 11200 亿，三只松鼠带动坚果品牌的网红发展之路，越来越多的休闲零食餐饮品牌不甘于只做配餐，开启了产品的"新精致"升级，如良品铺子推出的"一代佳仁"盒装，正好可以满足人们 21 天正餐的摄入量，精准服务于挑剔的新精致主义人群。

由此延伸思考，新精致主义还将切割出更多的餐饮和休闲食品的消费场景，现在很多网红餐饮就因这样的需求而诞生。

新精致生活方式更注重产品是否适合自己，是否为纯天然产品。在快消日化品领域，消费人群在注重效果的同时也开始关注产品的配方和成分。例如，国内护肤品牌百雀羚在市场演进过程中不断转型升级，围绕天然配方的消费痛点和产品理念，打造服务于年轻女性的草本类天然配方护肤品，带着"草本"

---

① 肖明超. 2018 十大消费趋势［J］. 经营者（汽车商业评论），2018（1）：74–78.

和"保湿"两个关键词的产品,让一个老品牌获得了新生。

新精致主义让更多的新品牌以极致专业的市场切割方式,改变领军品牌所形成的市场格局。例如,男性化妆品领域出现很多针对"95后"的品牌,直接针对的就是"95后"化妆的男性。

新精致主义可以结合产品品类延展出多种生活方式。例如,最近几年,精酿啤酒已经在中国城市遍地开花,而精酿啤酒文化也渐渐普及开来,被不少人认同和追捧。饮精酿啤酒,不是在"喝"一种酒水饮料,而是在"品"一种品质生活,一种态度,一种生活主张。

此外,在消费升级时代,"工匠精神"被赋予了全新的含义,更加注重现代时尚与品位。例如,Nike的新工匠精神和戴森吹风机的黑科技创新,匠心精神与高尚精致的融合,让很多品牌找到了新的定义。

如今,消费升级已经不再局限于大的产品方面,每个行业都将呈现"小而美"与"大而优"的品牌格局,新精致主义不仅代表了消费升级进一步的演进,同时也在为城市创造新的机会,未来如何从产品内涵、服务体验、创新科技、新品质和新生活主张的角度,打造符合新精致人群口味的"新优品",成为城市营销、企业营销关注的新趋势。

第五节 "跨次元"价值凸显,虚拟不让现实

没有哪个品牌不喜欢年轻人,城市也不例外,要想赢得"90后""00后",二次元肯定是无法绕开的话题。随着"90后""00后"的崛起,二次元已经不再是一种亚文化,它逐渐从边缘走向核心。城市品牌建设须考虑与二次元文化结合的问题。

据艾瑞咨询预估,2016年我国核心二次元用户规模达7000万人,泛二次元用户规模达2亿人。"二次元"总人数接近2.5亿,如果在人口总数中减去

常规意义上的二次元绝缘者（如小于 5 岁，大于 40 岁），那么用户密度还要更高，艾瑞的推断是二次元"覆盖了 60% 以上'90 后''00 后'等新生代群体"。

2018 年，多个城市为了吸引人才，相继在落户、创业、科研、安居、就业等方面出台政策，激励和吸引更多的年轻人。有人说"得青年者得天下"，那么结合二次元可以说"得二次元营销者得半壁江山"。所以，城市在二次元的战场上，不能掉队。

二次元文化到底是什么？简单来说，二次元文化是指在以 ACGN（动画 Animation、漫画 Comic、游戏 Game、小说 Novel 的缩写）为主要载体的平面世界中，由二次元群体形成的独特价值观与理念。

二次元产业带来的经济效益不容小觑。日本动画协会发布的 2022 年度动画产业报告显示，2019 年日本动画产业总产值以 25145 亿日元达到历史最高纪录，2020 年新冠疫情初始，市场同比减少 884 亿日元（约合人民币 45 亿元），为十年来首次出现负增长态势。经过一年的转化布局后，2021 年的产值规模达到 27422 亿日元（约合人民币 1387 亿元），同比增长 13.3%，比 2019 年的历史最高纪录还要高出 9.1%，再次创下历史新高，完成反杀。在日本，围绕着二次元文化已形成了一条非常成熟的产业链。以一部动漫作品为例，除了本身带来的商业价值之外，其衍生产品同样也能带来巨大的经济效益。此外，IP 与各类品牌的商业联动同样能产生巨大的商业价值。与作品相关的历史景点或城市也可以借助 IP 的热度进行宣传。此外，除官方作品及衍生品外，二次元爱好者还会以既有作品为素材，创造同人作品。

作为与日本一衣带水的邻邦，中国的二次元产业也在逐渐发展壮大。自引进《铁臂阿童木》起始，二次元文化在中国飞速发展，形成了富有中国特色的二次元产业。动漫产业作为新兴文化产业，是文化部"十三五"重点发展产业之一。国家的政策扶持和消费者的认可使得二次元产业在中国进入了爆发式增长阶段。2022 年，CIC 灼识咨询正式发布的《中国二次元内容行业白皮书》显示，我国泛二次元用户规模不断增长，2021 年近 4.6 亿人，其中有购买周边、游戏付费、购买漫画等消费行为的结构人数占比分别达到 56.2%、48.5%、47.3%。Z 世代群体作为泛二次元用户的组成部分，占比在 60% 以上。在多种因素的助推下，我国二次元内容产业引进将继续快速增长。预计 2026 年其规模有望达到 1200 亿元。

二次元与城市品牌建设息息相关。随着受众的不断扩大，二次元文化也越来越多地出现在我们的日常生活中。各大品牌开始借力二次元，以促进自身进一步发展。其中，城市品牌建设也在不断追寻打破次元壁的方式。

在 IP 众多的情况下，为什么城市品牌建设要借助二次元文化？首先，近年来二次元文化的受众不断增加，年龄也趋于年轻化。借助二次元文化，城市品牌可以更接近年青一代，从而激活城市文化，促进城市品牌的年轻化。其次，二次元是一种受众易于接受的表现形式，其叙事性的特点可以增加受众记忆点，进而使城市形象更深入人心。再次，二次元作为新生代内容产业，辨识度较高，可以帮助城市形成独特形象，助力城市发展。最后，二次元文化易于融入城市，大到城市景观建筑，小到产品包装宣传，都可以与二次元进行良好的融合。而且，由于二次元本身突破了语言的障碍，二次元形象的融入有利于城市进行跨文化跨区域的交流和发展。

不论是二次元的诞生地日本，还是处于二次元蓬勃发展时期的中国，都有许多城市曾经或正在借助二次元文化进行城市品牌建设。二次元与城市品牌建设的融合主要分为两类：一是打造城市"吉祥物"，即专属于城市的二次元形象；二是将大热二次元 IP 与城市形象结合，打造"城市名片"，吸引大部分粉丝前往，发展特色旅游产业。

虚拟偶像作为二次元文化和粉丝文化的产物，受到越来越多年轻消费者的喜爱，AI 虚拟偶像的背后是潜在的市场商机。例如，2019 年 7 月 19 日，哔哩哔哩（以下简称 B 站）在上海举办二次元主题歌舞晚会，初音未来、洛天依、言和、乐正绫等虚拟偶像登台演出。抢购一空的门票、频频尖叫的现场观众、呐喊助威的阵势等都完全不输于偶像歌手的演唱会。

2019 年 8 月 4 日，在 2019 年爱奇艺尖叫之夜演唱会北京站，一支虚拟偶像乐队 RiCH BOOM 在 2019 爱奇艺尖叫之夜 live 秀，以潮流音乐和先锋时尚的调性惊艳全场，引燃超高分贝尖叫。

虚拟偶像的出现以及这一产业的兴起不是偶然，而是有着较长的技术与文化积淀。虚拟偶像的出现可以追溯到 20 世纪 60 年代。当时，贝尔实验室成功研制出了"世界上第一台会唱歌的计算机"——IBM 7094，它唱了一首充满电流感的 Daisy Bell。虽然这个会唱歌的电脑并不是真正的虚拟偶像，但可以把它当作现代虚拟偶像的一个雏形。

2007 年，一家位于北海道的贩卖效果音、声音素材的制作公司 Crypton，借助虚拟音乐合成软件 Vocaloid，推出了虚拟歌姬——初音未来。① 这个扎着双马尾，穿着超短裙的大眼少女，凭借一曲翻唱自芬兰波尔卡舞曲的《甩葱歌》，风靡社交网络。

近年来，YouTube 出现了在平台发布视频、与粉丝直播互动的 VTuber（虚拟 UP 主），虚拟偶像产业逐步从"艺人模式"的 1.0 时代，过渡到偶像类型更丰富、偶像打造模式更加多元化的"虚拟偶像"的 2.0 时代。②

虽然虚拟偶像没有现实载体，但是吸金能力却不容小觑。在国内，虚拟偶像市场在快速成长的同时，也吸引了大量品牌的目光。

从 2017 年起，就有各类品牌尝试虚拟偶像的代言。洛天依代言了百雀羚的森羚倍润补水保湿面膜，还专门为产品广告片推出了曲目《漂亮面对》；丰田汽车在美国推出 Corolla 系列的第 11 代新车型时，请来初音未来演唱广告单曲《World is Mine》；QQ 飞车手游的虚拟角色"小橘子"接替真人偶像明星 Angelababy 担任英国旅游局友好大使等，这些都是虚拟偶像推广代言的有效

① 虚拟偶像身价几百万，火爆的原因是什么？［EB/OL］. https：//www.bilibili.com/read/cv3567903/.
② 佟婕. 粉丝经济下虚拟偶像发展现状及前景探析［J］. 新闻传播，2021（22）：27-28.

尝试。

之后，随着《恋与制作人》《阴阳师》两款手游的大热，其中热门虚拟形象开始陆续为汽车类、零食类与快餐类品牌代言，如麦当劳与《全职高手》的叶修推出线下主题店，肯德基与《恋与制作人》合作推出套餐等，虚拟KOL开始进入大众视野。目前，虚拟主播开始代言广告，例如 Noonoouri 与易烊千玺一起拍摄 *Vouge* 杂志，这就是虚拟KOL与流量明星共同的代言。

虽然商业化不是一件容易的事，但新的尝试从未停止。近几年，B站、腾讯、网易、抖音、巨人等互联网巨头相继入局，内容生产方也在尝试用新的模式接入虚拟直播。比如，短视频平台千万级粉丝的二次元形象一禅小和尚、萌芽熊、动漫《狐妖小红娘》中的涂山苏苏等也开始尝试进行直播，这些IP在游戏、动画、线下等模式上相对成熟，不需要投入太多精力在虚拟主播领域开拓和运作。相对来说，原生于社交网络和短视频平台的IP在短视频平台内部直播和倒流的效果要好得多，可以期待接下来国产原创形象IP的虚拟主播。

第六节　城市品牌嬗变，让用户给品牌做贡献

在"酒好也怕巷子深"的时代，城市品牌营销可谓至关重要。现代营销学之父菲利普·科特勒在《国家营销》中指出，一个国家可以像企业一样进行经营。而城市作为国家的一部分，也可以突出自身特点，策划营销活动，从而形成品牌优势。有人说，现代城市都是千篇一律的，一眼望去都是高楼大厦，车水马龙。但事实并非如此，不是城市的特色丧失了，而是我们失去了发现城市亮点的能力。因此，城市营销需要赋予城市以独具特色的品牌价值。

城市营销与品牌化是打造城市综合性影响力、提升城市可持续竞争力的有效战略工具，也是城市治理体系和治理能力现代化的重要领域。

应对互联网时代消费新特点，城市品牌需要有更具独特核心价值的定位。

知名运动鞋品牌 New Balance 从更加贴近年轻消费者内心世界出发，重新定位品牌核心价值观为"雅痞改变世界"。新一代年轻人敢爱敢恨，既优雅又痞气，他们充满想象、喜欢光影、热爱音乐、追求梦想，相信自己的一点点努力可以改变世界。这是新一代雅痞年轻人的价值观，唯有能够契合他们价值观的品牌才是他们的最爱。再比如，蘑菇街定位为"我的买手街，每天至少爱一次"，紧紧抓住现代年轻人的消费态度：喜欢就必须买，爱自己就要给自己最好的！追逐时尚，特立独行，爱无所限制，才是个性标签。

拥有独特核心价值，契合消费者人生观、价值观以及情感情绪表达的品牌定位，更容易与消费者产生共鸣，赢得拥护，进而购买。

新商业时代品牌价值之变，体现在多元化的全渠道入口。以前，受众了解一个城市品牌，渠道入口可能只有商店，或报纸、杂志、电视等媒体，但这些都受时间、地点等诸多限制。

现在，移动互联网带来全渠道入口经济时代，我们日常所能接触的点，都可以成为品牌入口，包括手机、电脑、各种生活场景、线下实体门店、电商平台、社交平台、社交媒体、大众媒体、各种应用 APP、智能手表、智能设备、智能云系统、室内室外广告、交通工具、日常生活用品等，所见所触都可以成为最佳的渠道入口。

当然，并不是所有的城市或企业都有能力布局全渠道入口。面对越来越多元化的渠道入口，我们最应该、最先抓住哪些入口？我们的主要目标消费群更有可能从哪个入口进来？渠道入口的组合与连接模式是否适合企业？这些问题都值得思考与规划。作为品牌咨询公司，我们不仅要前瞻性地把握渠道入口经济的趋势，更要帮助我们的客户企业规划好多元化渠道入口的运作，打通适合品牌的入口对接渠道，让品牌与消费者可以无时间、无空间、无地域限制的360 度无障碍交流与互动。

新商业时代品牌价值之变，还体现在场景和体验上。伴随技术创新与运用，微信、微博、微电影、社交 APP、论坛平台等新媒体不断崛起，品牌体验有了更多参与渠道、连接渠道。同时，技术创新与运用让连接一切成为可能，线上线下打通、多场景联动的实现，使得品牌体验可以突破时间与空间的限制，实现快速、联动、即时完成产品体验与口碑传递，从而在众多竞争者中脱颖而出，高效促成消费。这就意味着现在做品牌要打破传统的线性思维，以建设生态圈的思维去运营品牌，更立体、更联动、更融合、更跨界！

这个时代，让用户为品牌做贡献，比让利给用户更重要、更有价值。一个用户，一旦为企业做出贡献，捍卫过企业一次，那么此后他所有的拥护和捍卫，都是对他自己的捍卫，这使品牌和用户成为一致行动的人。我们策划品牌行为的时候，一定要创新技术运用和场景联动模式，设计出更加具有吸引力的参与机制、体验机制、互动机制，让品牌与用户一起成长。

第七节　文化、科技与城市品牌交融

2020年元旦刚过，一场事先毫不张扬的晚会突然火爆网络，它就是B站新年跨年晚会。从数据来看，这档晚会达到了8000万的播放量，超过200万条弹幕，对于影视内容一向严苛的豆瓣网友给予了9.1的评分。2019年12月31日，B站的股价是18.62美元，跨年演唱会后，B站股价接连上涨，最高攀至24.47美元。媒体不吝赞誉，用"出圈""融合""跨界"等词汇对晚会的特点进行了概括。

晚会上，B站利用现场的声光电技术与AR技术，让二次元人气形象洛天依出现在了舞台上，并与著名的琵琶演奏家方锦龙跨次元合作，演绎了一首俏皮可爱的《茉莉花》。因为科技的进步，经验的积累，洛天依这位人工歌姬的形象变得非常生动逼真，"颜值巅峰"的弹幕涌过屏幕。

在进行晚会的架构设计和策划时，B站给导演团队提供了自己的数据库。通过分析所有用户的喜好、类别、年龄层次等多维度数据，导演组发现他们有不同的"兴趣点"，然后选择里面共性最大的"兴趣点"，确定了特定的节目。例如，此次晚会，《中国军魂》《钢铁洪流进行曲》出人意料地火了。这说明，B站用户有着浓厚的爱国热情，一些圈层更是对军事、军旅有着极大的热情，这些都在数据上有了体现。

行业分析师们认为，数据已经成为内容产品的核心竞争力。各种平台开始利用精准算法推荐内容和商品，这种市场现象背后的本质使用户对互联网越来越依赖，他们需要相对个性化的服务。B站跨年晚会的突袭，如同今日头条、抖音一般，给整个行业打开了一扇新的大门，晚会也将逐步进入个性化推荐时代。

当代社会，读不懂年轻人，也就无法跟年轻人产生真正的沟通，自然不能创造出令年轻人满意的旅游产品、旅游项目和旅游体验。在年青一代的青春版图里，不仅有动画、漫画和游戏，也有繁重的学业和事业；不仅有舶来的英雄，也有自己的"李云龙"和"余则成"；他们习惯了自由自在"吐槽"，也无时无刻激赏各种"励志"。他们正走在知重负重的人生阶段，正在成为社会中坚力量，理解了他们的自信、激情和创造，也就能理解中国的现在与未来，更能理解未来文旅产业的发展方向在哪里，年轻人真正喜欢的文旅体验是什么样的。

当旅游业与科技相遇，无论是在物理反应层面还是在化学反应层面，都催生出许多新业态、新产品、新服务。2019年，许多地方都打造了一部手机游当地的平台，游客可以通过平台享受"吃、住、行、游、购、娱"各环节一键订单、一码通行、一键投诉。由于科技在文化消费和旅游服务过程中的广泛应用，游客的参与度、体验感和满意度明显提升。[①]

随着数据的积累，旅游景区可以通过在线平台对游客进行精准的画像，对游客行为进行精准的分析，这对于景区制定新的战略、开发新的旅游产品、激发新的旅游消费、提供新的旅游服务都具有非常重要的指导性意义。

---

① 赵珊 . 2019 中国旅游亮点［N］. 人民日报海外版，2019-12-25.

科技改变了人们的沟通与交流方式，也改变了历史的进程，正在塑造旅游的未来。时代的大潮涌来，那些不适应时代发展的旧模式、旧观念、旧产品将逐渐失去竞争力，这对于传统文旅产业无疑是一种强烈的冲击，但同样，这也是行业进行改革创新的契机，孕育着新的机遇。拥抱时代、拥抱科技，才能开创未来。

【案例】大唐不夜城为什么火

2020 年"五一"假期，各旅游景点迎来了新冠疫情暴发之后难得的好时光，又恢复到了人挤人的状态。网红城市西安在 2020 年 5 月 1 日的气温创造了 20 年来的同期最高纪录，达到 38 度。尽管天气如此炎热，也阻止不了游客们出游的"决心"。临近晚上，西安大唐不夜城步行街的游客突然增多，景区附近地铁进站口排队人数长达数百米，景区不得不临时实行流量管控，取消了大唐不夜城最火的"不倒翁"表演。

很多人不知道的是，大唐不夜城其实开城有十年。这么长时间以来，大唐不夜城一直不温不火，自从推出了皮卡晨的不倒翁表演，在网络短视频的推送下，大唐不夜城这才一夜之间火爆全网，被誉为一个人带火一座城。大唐不夜城火了，最火的自然是不倒翁表演，很多网友不仅在网上观看视频，还坐高铁、坐飞机到西安大唐不夜城打卡，从线上火到线下。大唐不夜城的火爆还直接带热了西安整体旅游市场，让西安成为一个网红城市。在 2019 抖音上被赞最多的博物馆 TOP10 榜单中，秦始皇兵马俑博物馆、西安碑林博物馆、陕西历史博物馆均进入前十，分别占据第三、第四、第十的位置，西安这座网红城市的魅力不可谓不强大。

根据《2019 抖音数据报告》，从相关视频的播放量来看，西安的大唐不夜城超越上海迪士尼，成为排名第一的网红打卡景点，相关的视频播放超过几十亿次。排名第三的是成都的大熊猫繁育研究基地，然后依次是故宫（北京）、万盛奥陶纪公园（重庆）、钟楼（西安）、外滩（上海）、长隆欢乐世界（广州）、老君山风景名胜区（洛阳）、春熙路（成都）。从景点的类型来看，大致可以划分为表演主题类、传统文化类、IP娱乐类、时尚街区类、风景名胜类、地标类、科研类，这充分说明了网友兴趣的多样性。

从TOP10网红景点相关视频的播放数据来看，大唐不夜城、上海迪士尼、成都大熊猫相关的视频播放量远远高于其他景点，为什么这三个景点如此受欢迎？

不倒翁表演无疑是一种形式新颖的表演，演员冯佳晨也是颜值舞技均在线，但全国人民看了那么长时间，为什么没有看腻？"仙气飘飘"是人们提到皮卡晨时的关键词。尽管在理性的思维里，人们知道成仙是一种幻想，但它代表了人们对于美好生活的向往，因此在内心深处愿意相信它是真的。年轻人则在知乎上将皮卡晨比作敦煌壁画中的飞天，《洛神赋》中的仙子，翩若惊鸿，婉若游龙，荣曜秋菊，华茂春松。

但从理性的角度来看，大唐不夜城的火爆，还是源于西安曲江新区旅游资源的整体势能。20世纪90年代中期起，曲江即被定位为西安市旅游度假区。但是，在很长一段时间里，因为缺钱投资，发展非常缓慢，土地更不值钱，乏人问津。曲江模式的主导者段先念在接受采访时表示，曲江新区开发伊始，地块30万元每亩都没人要。

2002年是西安曲江新区发生变革的关键之年，时任西安曲江旅游度假区（2003年7月更名为西安曲江新区）管委会主任的段先念主导曲江新区投资5亿元，在大雁塔前启动新区成立以来的第一个大项目——大雁塔北广场建设。2003年12月31日，大雁塔北广场正式开放，短短十天，来此游览的西安市民、外地游客超过百万人次，万人空巷的场景令文史学者惊叹曲江新区城市运营的"魅力"。

由此，西安曲江新区的地价也水涨船高，政府通过出让土地，获得了资本。随后，曲江新区管委会与8家运营商捆绑发展，融资30亿元，实施了大雁塔广场、大唐芙蓉园、大唐不夜城等一批大项目建设及基础设施建设。15年间，曲江新区从一个城郊之地逐渐成为真正的旅游度假区，以"文化+旅游+城市"为特征的"曲江模式"，彻底改变了西安曲江新区的面貌，曲江新区结合"文化、旅游、人居、商业"等要素，使商业与文化接壤、与历史联姻，形成了注重文化体验、服务旅游人群和本地居民文化旅游的特色商圈。

目前，曲江新区已经形成了以文化旅游为龙头，集会展、演艺、影视、动漫、出版传媒、文化商业、文化金融、文化项目建设和城市运营于一体的全文化产业链，初步实现了文化与城市、旅游、商业、民生和生态的深度融合。

大唐不夜城只是曲江新区厚重文旅资源的冰山一角。大唐不夜城包括大雁塔北广场、玄奘广场、贞观广场、创领新时代广场四大广场，西安音乐厅、陕西大剧院、西安美术馆、曲江太平洋电影城四大文化场馆，以及大唐佛文化、大唐群英谱、贞观之治、武后行从、开元盛世五大文化雕塑，透出浓浓的唐风唐味。①

西安是一座被历史偏爱的古城。从西周的都城镐京到秦都咸阳，从西汉的都城长安到大唐长安，这座城市在历史的长河里留下了十三朝古都的繁华与落寞。即便是历史都已尘埃落定的今天，古城区内的钟鼓楼、城郭东南角的大雁塔、骊山脚下的秦始皇兵马俑，以及错落分布的周秦汉唐四大古都遗址，依然能勾勒出清晰的"长安情结"。

西安所代表的中华历史，在每一个中华儿女心中都有着不可动摇的地位。史书上"千邦进贡，万国来朝"的骄傲，早已融入华夏文明的血液，成为每个中国人文化潜意识当中的一部分。西安是世界友人的历史名城，威严肃穆的城垣楼宇讲述着世界四大古都之一的文明辉煌。因而在这座城的大街小巷里，总有络绎不绝的中国游客和国际友人，他们走走停停，穿梭在"历史铸造的博物馆"里，共同的愿望就是感受一番来自古代中国文明的亲切问候。

然而，"过于厚重"的西安历史底蕴曾经也被认为是阻碍城市现代化发展

---

① 王嘉楠. 西安曲江：打造世界级的商业步行街［N］. 国际商报，2019-11-05（K69）.

的枷锁，提高了游客接近真实西安的文化门槛。因而，在过去很长一段时间，这座城市都是沉寂的，千年古都的繁华光景都被禁锢在厚厚的城墙里。直到近几年，西安在改变，千年古都实现了华丽嬗变，一跃成为"网红城市"。

第三章
城市品牌的文化力量

　　每一座城市都有属于自身的历史与文化沉淀，而城市文化符号是在城市发展过程中经过人们客观和主观的筛选得以保留下来的东西，是人们对城市形成的最有代表性和最突出特点的认同与表达。城市文化符号对城市形象的构成最为关键，整个城市形象传播工作都是围绕着城市文化特色符号开展的，运用创意设计与传播载体形象表达。

　　没有挖掘城市自身文化特色符号而创作的城市形象传播信息内容，会导致城市形象推介受众印象雷同。良好的城市形象，对内有整合作用，形成城市内生活力；对外让更多大众关注，形成情感认识，可以提升城市的竞争力。

第一节　文化符号，为城市赋能

　　语言学理论认为，"记号"是一个"能指"与一个"所指"的结合体。"能指"代表形式，"所指"则代表内容。著名符号学家罗兰·巴尔特指出，符号学记号与语言学记号定义类似但内质各有不同。大多数的符号学系统（如物品、姿势、形象）初始不介入意指作用，后期却拥有了表达的内质。社会发展历程中存在的诸多物化或事物形态，逐步地被赋予了意指的作用。文字的传承使符号刚产生就充斥着某种意义并被赋予语义。

以语言符号为例，物化的符号形成后，大众社会将对符号赋予新功能及意义。于是，这种重新被功能化的符号就需要第二语言的呈现或诠释，并区别于初始的含义，而后者却大多属于涵指层次。例如，古城区中的旧寺庙，原属供奉香火或祈求神灵场所，但随着时间流逝和用途变迁，寺庙会逐渐成为这座城市传统文化的外在形式之一，被赋予独有的文化含义。这样，物与形相融，符号作为统一体，可包含语言所指层面含义，也可与意指的关系联结在一起呈现更丰富的意义。

例如，历经洗礼与沉淀，一座城市可能形成能代表自身独有的文化及形象的符号。这些符号化的文化载体，多数指能代表这城市的建筑物群体、历史典故、重大事件或著名人物等。当这些独有的城市文化遗产以符号化形式存在于城市建设发展进程中，若进一步通过各类型媒介传播和人际传播等传承过程，便会逐渐形成其独有的城市文化形象内涵价值。而本市居民及其他访客们，也会以这些独有城市文化符号形成印记与评价。

正是城市文化符号具有专属化的特征，通过"能指"与"所指"的符号学观点进行梳理，可归纳出一座城市的文化符号体系，城市形象传播策略便具有直观的传播效能。例如，由北京紫禁城、西安大雁塔、杭州西湖、重庆火锅饮食与广州四季花城等物化空间形态的城市形象，可"意指"出内涵不同的城市文化符号，发展成为该城市的宣传名片，转化为城市的文化和精神载体。

基于符号学的文化传播视角，物化传承过程的城市文化符号内涵有如下特征：

（1）差异性：无论城市还是村落，在历史地理发展过程中，特别是城市会形成独有规模的物质与空间民俗形式的城市专属文化印记并传承下来，且许多形态独一无二且不可复制。在符号学的传播视角下，差异化才是城市文化传播的主要基础，让市民找到归属感与认同感，对现代城市形象塑造和传播有重要作用。另外，差异性的城市文化符号是城市文化的自信体现，不仅扩大了城市对外影响力，提升了城市形象力，也促进了城市自我的创新发展。

（2）稳定性：不少城市独特的建筑物及自然禀赋所承载的文化内涵，历经沉淀与记忆传播，成为能代表该城市形象的固有形态。这种城市文化符号表象一旦形成社会大众习惯认同，不会轻易地被改变和取代。即使居民离乡远走，仍会遵循原有文化习俗和生活印记。如今进入数字化传播时代，信息碎片化的新媒介传播洪流中，把握作为城市独有文化符号体系的城市形象内在稳定性特征尤为重要。城市文化符号内涵稳定性在城市形象内外传播中可以产生一致的连锁效应。

（3）多样性：文化符号是多种多样的，在城市的发展过程中，物质基础及上层建筑内容多样，形式不断演变。城市文化符号体系也分为物质和精神两个层面。物质层面指物化可见、自然外在的文化符号形式，如景物、建筑、人物等。精神层面的城市文化符号就更宽泛了，包括管制制度、民间艺术、饮食方式、民俗习惯、民心民言等。城市文化在物质和精神层面上互为影响与渗透，进而共同形成了一座城市独有的文化符号体系。事实上，基于精神层面的城市文化符号更容易转化城市形象创作内容形成对外传播力。

（4）继承性：城市文化的内涵不可能一朝一夕形成，必然是在城市历史建设与发展历程中，优胜劣汰地传承和保存下来被人民所认同与喜爱的文化内涵与形式。城市文化符号的演变历久弥新。那些自然禀赋所承载的文化内涵、厚重沉淀分量优势历史文化所指形成符号感受，才是这座城市价值的真正代表。卓著与个性化的文化形式，在城市进化的不同时期扮演着城市文化传承角色并承载历史责任。

第二节　城市形象，助力城市发展

全球化大背景下，国家间竞争已转向城市间竞争且日趋激烈。如今，城市传播和旅游推广已是城市营销与招商引资的重要组成。城市品牌构建，将城市内在特征和外在硬件相结合，提炼城市独特文化精神价值，打造城市个性化文化符号体系，是城市形象推广的关键。城市形象品牌融合各类传播媒介叙事特有的传奇性、曲折性、冲突性、戏剧性、传播性和传承性策略，是提升城市传播力的有效途径。城市文化传播价值一旦确立，就会成为参与城市竞争发展与合作的重要因素。城市的文化传播体系，融合各类传播媒介及推广策略，在城市传播中不断演进并塑造独具特色的城市精神文化，进而助力城市社会经济文化的可持续发展。从全球化竞争角度来看，城市是国家的名片；从城市居民的生存依赖角度来看，城市就是市民的精神家园。

作为一个历史悠久的文明古国，我国拥有丰富多彩的文化遗产、千差万别的风土人情，城市发展的特质资源并不缺乏，缺乏的是对这些特质资源的提炼和整合。

另外，要找准精细化、个性化的特质定位，形成差异化竞争优势。以往一些城市的定位拘泥于宏观的区域功能规划，比如金融中心、经济中心、文化中心等；或使用概念宽泛、含义模糊的宏大词语，像生态城市、园林城市等，趋于同质化，没有差异性，缺乏辨识度。而特质资源的核心价值就在于其独特性，这是名牌城市的优势和标识所在。①

城市形象是社会群众对一座城市的认知，也是城市发展的最终目的。如何提高城市形象，是每座城市在高速发展中必须摸索探究的一个重要问题，城市形象好，城市发展如虎添翼；城市形象若一塌糊涂，城市发展就会一泻千里。

---

① 何莉.以主题文化打造世界名牌城市［N］.人民日报，2016-09-02（07）.

第三节　城市品牌文化，助力经济发展

文化软实力，如今已是城市参与全球化竞争的重要手段，推动了城市区域经济的发展。城市文化特色符号传播，是城市竞争软实力向大众社会呈现的重要形式之一，独具历史与特色的文化符号，可以作为城市无形遗产，具有独特的品牌价值。构建与塑造城市文化品牌，在传播中讲好"城市故事"是形成城市形象和品牌价值效应的重要基础。特别是在互联网新媒介社会化融合时代，文化符号体验消费经济，更是城市商品市场活力与竞争力的真正体现。挖掘城市文化因子，规划城市发展新方向，调整城市空间实现人与自然和谐共赢显得尤为关键。把握城市的非物质文化遗产、精神文化符号，有效能地传播可形成为具有特色的符号经济产业链，成为经济的衍生品。

城市主题文化建设是一个科学系统工程，需要在城市主题文化战略指引下，对城市进行功能整合、产业配套、宣传推广、制度规划等一系列综合设计，形成兼顾经济效益、文化效益、形象效益等的周密规划，既对外树立形象，又对内凝聚人心。

城市管理者应转变城市规划的传统理念，首先认识到城市主题文化的重大价值，组织专家深入挖掘、提炼城市特质资源，动员社会公众积极参与，就城市主题文化形成共识；其次围绕城市主题文化，制定实施系统的城市发展规划，打造城市品牌和城市名片；最后凭借城市主题文化的优势与特色，形成自己的核心竞争力。

第四节　特色文化，构建形象价值

进入媒介化社会，信息传播力也是衡量国家软实力的特征之一。信息传播

力，在互联网全球化背景下也是一种重要资源。一座城市中流传的经典历史故事、自然禀赋或独特的属地产品等，可以构成城市品牌文化的无形资产，通过策划与传播，成为城市竞争的重要"软资产"。蕴含文化符号价值与知识价值的城市文化形象成为城市竞争的核心要素。从讲故事和叙事学的角度去传播城市文化形象品牌，是城市形象价值传播的有效手段。一方面，讲好城市故事、传播中国声音已是城市传播研究的新视角。具有感染力的城市文化符号传播对于城市参与全球化市场竞争意义重大。另一方面，城市新型产业不断涌现、文化形态创新发展、市民精神状态与城市管治形象等，对于城市形象价值内涵的形成也必然发挥着巨大的功能和作用。例如，"香奈儿"（CHANEL）品牌系列产品已不只是一个全球化著名时尚企业品牌，也作为一个文化符号广泛传播着法国巴黎的城市精神文化。

城市主题文化基于城市的文化特质资源，是对城市特质资源进行凝练与整合所形成的文化成果。它通过标签化的话语传播，形成品牌认知和社会共识，从而成为城市最具识别力和竞争力的标志之一。以英国的爱丁堡为例，它是第一座被联合国教科文组织授予"世界文学之城"称号的城市，这一美誉的形成，离不开《哈利·波特》的作者罗琳所说的"随处可见的文学传统"。这种文学传统不仅表现为爱丁堡产生了取得较高文学成就的作家和作品，还浸润在爱丁堡的城市街道、建筑中。那里随处可见文学博物馆、图书馆和作家故居，而且每年的爱丁堡国际图书节、国际艺术节等多元的文化和艺术活动也吸引着世界的目光。

近年来，越来越多的城市开始关注城市特色品牌文化的建设，可以说，城市文化就是城市品牌建设的核心之一。因此，学会从饮食、地标建筑、历史名胜等不同领域的文化着手，才能打造出独具特色的城市品牌。

1. 饮食文化

西安的肉夹馍、擀面皮、摔碗酒。除了广为流传的肉夹馍、擀面皮，在抖音上爆火的"摔碗酒"也让西安这座千年古城一跃成为新晋的网红城市，古城独有的美景和人文，辅以抖音上海量的视频、好玩的内容、炫酷的风格、有趣的音乐，共同造就了数亿次的用户点击和转发。如今的西安街头多了不少通过抖音慕名而来的游客。①

重庆火锅和成都火锅。作为特色美食，火锅拥有让人无法抵挡的魅力。尤其是重庆、成都这样以火锅闻名的城市，更是把火锅当作本地最具特色的饮食文化符号。此外，重庆魔幻的交通环境、穿楼轻轨，成都的大熊猫繁育研究基地，也都成为城市的特色标签。

2. 地标建筑文化

上海的东方明珠。东方明珠广播电视塔是上海标志性的文化景观之一，位于浦东新区陆家嘴，塔高约 468 米。东方明珠还是国家首批 5A 级旅游景区，塔内有太空舱、旋转餐厅、上海城市历史发展陈列馆等景观和设施。

深圳的"世界之窗"。作为深圳标志性的旅游景点，"世界之窗"聚集了全球知名的微型建筑，涵盖了世界七大洲的著名景观，把世界奇观、历史遗迹、古今名胜、民间歌舞表演融为一体。

北京的故宫紫禁城。作为 2018 年"抖音之城"排行榜上第一名的城市，北京赢得 8.3 亿的点赞绝对名副其实。作为世界五大宫殿建筑群之一，故宫除了恢宏的建筑群外，里面还有很多珍贵的藏品，每一件藏品都有一段传奇故事。可以说，地标建筑是最为显像的文化符号。当不同文化元素相互碰撞，地标建筑成为地域文化内涵的载体，展现着城市的整体风貌和文化价值。

3. 历史名胜文化

戏曲类。中国戏曲是中国传统艺术的瑰宝，是世界三大戏曲文化之一。然而，在流行文化，尤其是外来嘻哈文化的冲击下，中国戏曲却面临"曲高和寡"的窘境，不少艺术门派都遭遇"传承难""年轻人不关注"等难题，但抖

---

① 魏静，佟静. 抖音短视频软件对旅游的影响研究［J］. 电子商务，2019（5）：5-6+8.

音等短视频平台的崛起似乎让戏曲焕发了新活力。① 2018 年，抖音发起"谁说传统文化不抖音"活动，陆续推出"谁说京剧不抖音""我为'非遗'打call""我要笑出'国粹范'""嗯~奇妙博物馆"等一系列旨在推动优质传统文化传播的用户挑战赛，以年轻人更喜爱的话语表达方式，展现传统文化之美，提升年轻受众对于戏曲及中华传统文化的认知。

以河南豫剧为例，2018 年抖音的大数据报告显示，郑州以 8 亿点赞量成为全国十大"抖音之城"，而豫剧作为地方的传统经典，正在通过短视频的方式被世界看见。除河南豫剧外，安徽黄梅戏、陕西秦腔、湖南花鼓戏、浙江昆曲也凭借在抖音上的广泛传播，进入地方戏曲的前五名。其中，黄梅戏成为最受欢迎的地方戏曲。

2018 年抖音大数据报告显示，抖音与传统文化碰撞出新火花，多种新奇玩法让诸如黄梅戏这样的戏曲等传统文化成为新流行。同样，"唱念做打"也在抖音上创新，趋于个性化的传统艺术在这里萌芽。

风景名胜类。西安的秦始皇兵马俑不仅是西安的徽章，同样也是中国古代文明的标志。2019 年 4 月，西安市旅游发展委员会与抖音短视频正式达成战略合作。双方基于抖音的全系产品，在世界范围内宣传推广西安的旅游资源。其中，兵马俑是最具知名度的城市名片，可以扩大西安在世界范围的知名度和影响力。

青海"天空之境"茶卡盐湖被《中国国家地理》评为"人一生必去的 55个地方"之一，同样通过抖音火遍大江南北。此外，青海还有"天神的后花园"年保玉则，绮丽的坎布拉，经幡转动的塔尔寺等美丽之地，令人向往。

湖南的张家界是中国最重要的旅游城市之一，同时还拥有中国第一个国家森林公园——张家界国家森林公园。2018 年，"抖音张家界·嗨动全世界"张家界青年抖音大赛正式启动。这一活动依托抖音短视频平台，面向全球各地征

① 谁说戏曲不抖音，短视频让戏曲文化火起来 ［EB/OL］. 中国日报网，https：//baijiahao. baidu. com/s？id＝1604231720965494450&wfr＝spider&for＝pc.

集反映张家界旅游美好时刻、充满创意的抖音作品,将张家界冬季旅游营销融入抖音模式,开启一场青年人参与晒张家界美景、美食、民俗的狂欢。

【案例】重庆:洪崖洞蹿红的营销秘密

2018 年的"五一"小长假,重庆洪崖洞突然蹿红。回顾重庆洪崖洞的走红之路,可以给城市品牌及文旅从业者带来很多启发。

洪崖洞原名洪崖门,是古重庆城门之一,位于重庆市渝中区解放碑沧白路,地处长江、嘉陵江两江交汇的滨江地带,是兼具观光旅游、休闲度假等功能的旅游区。2006 年,由重庆市人民政府总投资 3.85 亿元兴建而成。[①]

洪崖洞是重庆市重点景观工程,建筑面积 4.6 万平方米,主要景点由吊脚楼、仿古商业街等组成。可望吊脚群楼观洪崖滴翠,逛山城老街赏巴渝文化,烫山城火锅看两江汇流,品天下美食。形成了"一态、三绝、四街、八景"的经营形态,体现了巴渝文化休闲业态。

2007 年 11 月,重庆洪崖洞民俗风貌区被评定为国家 AAAA 级旅游景区。2020 年 11 月 18 日,洪崖洞被列入"成渝十大文旅新地标"。2021 年 12 月,洪崖洞被列入"重庆市第二批历史地名保护名录"。

重庆的洪崖洞建成有十多年了,重庆人自然早就知道这个地方,但一直不温不火。直到 2018 年的"五一",通过抖音的短视频,重庆的洪崖洞一跃而起,成为与故宫比肩的网红景点。洪崖洞为什么突然走红?相信每一个城市品牌及文旅行业的从业者都想知道其中的秘诀。

追踪洪崖洞的网红之路,发现走红的源头与异次元文化相关。

人们之所以会不远万里去洪崖洞参观,与《千与千寻》这部宫崎骏的动画有关。很多人觉得它与电影中的"油屋"场景非常相似。于是,有些日本

---

① 李琳静."网红式"旅游目的地形象提升的思考——以重庆洪崖洞景区为例[J].全国流通经济,2019(18):134-135.

人不惜漂洋过海来重庆，就是为了一睹《千与千寻》动画片中的场景。很多内容营销也打着现实版《千与千寻》的名号去做营销，这种借势的方式让洪崖洞大火特火。当然，并不是所有的景区都有可以借鉴的电影。此时就需要一个合理的文案来引导。一个好的文案不仅可以成为旅游营销的助推器，还可以激发人们对于产品的探知。知乎上有人发起讨论认为洪崖洞与《千与千寻》动画中"油屋"的形象接近，于是大家都去找洪崖洞与动漫中的相似点。随后，重庆洪崖洞就成为《千与千寻》在现实世界中的投影。《千与千寻》作为一个知名的日漫 IP，在全球范围内有着大量的粉丝，洪崖洞与这样一个大 IP联系到一起，想不火都难。

洪崖洞这两年的热潮并没有消退，这与这片建筑群一直在不断产出新内容有关。网友们在洪崖洞前跳海草舞、观洪崖洞夜景、吃洪崖洞火锅等，都通过抖音短视频成为洪崖洞持续流量的源头活水。洪崖洞在规划之初，应该更多的是基于传统的古建文化，而非照着动漫 IP 中的形象去设计，但这正说明了建筑作为一种媒介的巨大魔力。

反过来说，如果在规划和设计阶段，就考虑到了媒介的属性，那么大可根据媒介的特点和规律，来完成建筑的设计和建造。实际上，在大文娱产业链的生态中，将 IP 内容打造成为建筑，本就是 IP 开发的一种形式。全球各地长盛不衰的迪士尼乐园就是其中杰出的玩家。人们通过迪士尼的电影等娱乐内容接受了迪士尼的品牌，又走进迪士尼体验到了各种建筑带来的快乐，这种快乐的体验，以口碑的形式强化了迪士尼的品牌。在视频化的今天，迪士尼乐园也正变成一个丰富的内容源，不断充实着自媒体平台的内容库。

要做好建筑在媒介属性上的策划，从内容的角度需要考虑到三点。

一是通过独特资源的利用，创造差异化的体验。所谓独特资源一定是独占性的，而文旅具有天然的差异性。如果都是千篇一律的玻璃栈道，对于游客的吸引力一定不如这一项目的早期创造者。在文旅项目上跟风，失败的概率远大于成功的可能。

二是通过内容的挖掘和植入，在建筑中融入能够引发人们关注和持久兴趣的内容。建筑属于在时间上内容保存比较持久的媒介，因此，很多建筑都以城市的发展历程为内容素材，往往建造成为城市地标性建筑。同样，城市的未来也可以体现在城市的建筑上。而事实上，未来的不确定性给建筑设计师莫大的想象空间，关于未来的内容，也很容易引发关注，并启迪人们的智慧。

三是要考虑记忆性、兴趣点和易于传播的元素，让建筑的内容能够很容易分享给朋友。建筑作为一种静态造物，如果很有特点，是很容易被人记住的，但要达到让人分享的程度，必须要触发人强烈的情感，比如，强烈的欣赏、强烈的喜爱、强烈的视觉冲突刺激，才能够让游客产生分享的欲望。赋予建筑差异化、原创性、艺术性、未来感等属性，是提升建筑媒介功能的有效手段。

大量"网红景点"集中出现在重庆，并非偶然现象，而是得益于重庆特色的旅游产品打造和创新营销模式。为了加深人们对于重庆的印象，他们改变了传统的营销方案，重新规划了人群方向，营造出网红山城的既视感，而洪崖洞正是他们的重点项目之一，基于其特点规划合理的景区营销方案，从而提升人们对于洪崖洞的好奇心，吸引客流。其实这一点对于其他城市的景区规划也适用，在打造营销方案之前，需要了解产品的受众，并根据他们的需求进行规划，有目的地推送才会有更好的效果。

第四章

城市品牌的流量竞争

在对城市品牌定义之前，首先需要清楚什么是品牌，品牌的含义究竟是什么。品牌，在本质上是指品牌拥有者的产品、服务或其他优于竞争对手的优势，它能为目标受众带来同等或高于竞争对手的价值。

品牌是指给拥有者带来溢价、产生增值的一种无形资产，它的载体是用于和其他竞争者的产品或劳务相区隔的名称、术语、象征、记号或者设计及其组合，增值的源泉主要来自消费者心中形成的关于其载体的印象。品牌承载更多的是一部分人对其产品及服务的认可，是一种品牌商与顾客购买行为间相互磨合衍生出的产物。

品牌并不是一个名称或标志，而是一个主体对客体的承诺，它传递给客体的不只是功能利益，还包括情感、自我表达和社会利益。一个品牌不只是承诺的兑现，它更像一段旅程，一段基于客体受众每次与品牌接触的感知与经验而不断发展的消费者关系。

第一节　品牌：城市流量竞争的利器

品牌具有强大的影响力，是客体与主体关系的核心、战略选择的平台，也是影响财务收益的重要因素。一些极具竞争力的品牌都有自己的"精髓"。品牌是一个商业概念，但作为一个地理空间的城市，是否能够成为品牌的载体，或者说一座城市是否能够拥有品牌并进行传播推广，是首先需要考虑的问题。

凯文·莱恩·凯勒（Kevin Lane Keller）曾对城市品牌有过相关论述，他认为："像产品和人一样，地理位置或某一空间区域也可以成为品牌。"

品牌的核心内涵，是要传递给受众的核心利益（即品牌究竟要带给消费者什么），是针对受众的一种承诺。而城市品牌，则是指一座城市在推广自身城市形象的过程中，传递给社会大众的核心利益。

虽然城市品牌涉及城市形象营销、推广等内容，但其内涵要远远大于城市形象的概念。城市品牌是综合性的，需要与城市形象相符，并能满足城市营销的需求，这就使得城市品牌必须基于城市主体发展的趋势，并体现其不可替代的独特性。城市品牌是一个集合，包括多种要素，它从各个层面体现了在统一组织下的城市品牌塑造的多重内容：城市品牌符号、城市品牌定位、城市形象、城市识别系统等。

城市品牌具有不可替代的经济文化内涵和不可交易性。比如，巴黎作为时尚之都，是几个世纪文化的结晶，人们只能去欣赏城市的文化和品牌内涵，但却不能与其他物品交换，从卢浮宫到香榭丽舍大街，都成为巴黎引导世界时尚的文化符号。

英国学者莱斯利·彻纳东尼曾经说过："在经济发展到相当程度时，城市已经从工业时代的大生产聚集地转变为人居的栖息地，成为人文、历史、景观的综合体。因此，城市和乡村也正在被开发成品牌。每一座城市和乡村都吸引着核心价值观与其相同的人们，确保他们有自己的生活方式的主张。"

城市品牌与城市形象又存在着一定的差异，城市品牌的塑造需要一个长期的过程，城市形象是城市实施品牌战略的第一步，城市形象是在城市品牌化建设下城市所呈现出的一种状态，城市形象的建设需要城市品牌建设者不断挖掘、不断塑造。因此，城市品牌是在城市原有的形象基础上突出其重点并整合优化的结果。

城市品牌所产生的凝聚力、吸引力、辐射力，以及溢价能力，汇聚起来就会为城市赋能，进而大大增强城市的竞争力。

关于城市品牌，结合奥美广告公司的观点，有以下 9 条品牌建设原则：

（1）有针对性地分析目标受众认知和品牌定位。尽可能广泛地了解目标受众的认知程度。在他们眼中，我们的城市是一个怎样的形象，城市自身有哪些禀赋、优势，我们又对自己的城市有怎样的品牌愿景？在此支持数据和调研的基础上确立城市的品牌定位，与目标受众建立起某种情感的关联。

（2）制造差异化、区隔性，避免同质化。每个城市都是不同的，不仅在于景观的不同，更在于内在气质的不同。要想让城市真正展现出与众不同，不建议做流水线似的城市宣传片。

（3）以文化传承为品牌体验注入特色。文化的才是持久的，才是真正能打动人的。城市当中有哪些历史悠久的文化和遗产，我们要把它们讲给目标受众听，让他们来体验、来尝试。

（4）利用好品牌的"图腾"。城市信息是需要"符号"来统领的，否则很难吸引人们的注意力。这个"图腾"可以是商标，可以是品牌识别体系，可以是一句广告语，也可以是一座明星城市、一桩地标建筑，甚至是一个球队，一个年度赛事。它是一个拥有众多不同维度、符号和"大使"的品牌露出体系。例如，成都的大熊猫、英国曼彻斯特的曼联队、巴西圣保罗的嘉年华巡游、意大利威尼斯的年度假面舞会等。

（5）有创意的事件营销。城市营销不应再搞粗放型的媒体投放，而应该把精力用在事件策划上，走精细型营销的路线。有时候一个好的创意点子和策划方案甚至可以抵得上成百上千万的投放成本。

（6）品牌信息的统一连贯、一脉相承。一脉相承，"咬定青山不放松"，或许是最关键和最应长期坚守的原则之一。无论如何，一个城市的品牌信息不仅需要保持渠道和媒介之间的一致性，更需要注意时间上的连续性，不能因政府换届等原因而变化不定让受众摸不着头脑。

（7）"搭载"好现有平台与载体，建立360°全媒介通路。安排合适的媒体渠道，为每个平台准备合适的内容，因为在活动或系列活动之前建立这些平台是最大化成果的必要条件。

（8）做好内部传播，获得市民的认同与支持。城市营销活动的理念必须被作为"自己人"的市民广泛接受。区域内部的认可和支持是策略成功的基石，缺少它，再多的传播工作也无异于建在沙滩上的城堡。

（9）建立跨文化的团队和网络。一个有效的团队不仅要包括充分了解并专注于当地政府和社会事务的成员，还要包括具有国际经验和视野的成员。团队必须能够使用外交手段来处理事件，同时要具有创造性。最重要的是，团队成员必须热爱自己所服务的城市，只有对城市品牌的深爱与尊重才能激发独特的洞察和创意。

第二节　城市品牌如何培育发展

城市品牌价值主要通过有形资产、无形资产、质量、服务、技术创新等要素体现。根据著名城市品牌营销专家刘彦平的观点，城市品牌的形成与发展主要有以下五种基本方式：

1. 历史传承型城市品牌

独特的城市品牌在特定的历史条件下形成并逐步深化，以代代传承的方式形成城市的特有品牌资产。例如，西安、洛阳、南京、北京、开封、苏州、杭州等，多属于这一城市品牌类型。

一个城市历史文化遗产的传承、保护状况是城市文明的重要标志。在城市建设和发展中，必须正确处理现代化建设和历史传承、文化保护之间的关系，尊重城市发展历史，使城市的风貌更具内涵和底蕴。传承、保护历史文化遗产是人类文明发展的必然需要，也是城市规划建设的重要内容。

2. 特有资源型城市品牌

通过对当地独特优势自然资源的宣传与推广，得到社会的广泛认知而形成特殊的城市品牌。例如，桂林、威尼斯、昆明等，多属于这一城市品牌类型。

3. 产业引领型城市品牌

通过城市区域内优势产品或产业影响力的拉动，逐渐形成该城市的主导品牌。例如，酒都茅台、花城洛阳、中国服装城常熟、中国小商品城义乌等，多属于这一城市品牌类型。

4. 国家赋能型城市品牌

通过国家的总体规划或独特的产业布局，在给特定城市赋予新的城市功能的同时，使其迅速提升城市品牌价值。例如，雄安新区、北京副中心通州、国际会议中心博鳌等，多属于这一城市品牌类型。

5. 自我创新型城市品牌

通过地方政府的精心设计、悉心打造，培育形成独特的优势产业，并逐步成为影响城市发展的品牌优势。自我创新型城市品牌一般通过文化创新、环境创新、产业创新等方式打造。以组织重大节会活动，开发新的旅游景区，培育城市产品集群，营建创新型休闲居住地等模式实现。例如，中国制造之都昆山、钻石之都柘城、电商之乡南康、最美影视城横店等，多属于这一城市品牌类型。

第三节　品牌——城市发展的助推器

城市品牌拥有巨大的价值，其价值体现如下：

（1）展现城市的特点，增强城市的魅力。每个城市有其自身的特点，这些特点往往需要用城市品牌予以展现。比如，上海以外滩丰富多彩的建筑、繁荣的商业和发达的金融业为主要内容，展示其城市特色；西安以其深厚的历史文化底蕴来呈现其个性魅力。

（2）增强城市居民的凝聚力。通过具有特色的城市理念、城市文化及城市品牌，把市民的精神凝聚到城市发展上来，增强市民的参与意识，进而营造出城市发展的良好氛围，推动城市的进一步发展。

（3）有助于推动城市的精神文明建设。城市品牌的塑造是一个系统化的工程，它要求广大市民能够积极参与。要塑造良好的城市品牌，就需要市民能够具备文明的素质和良好的精神风貌，有主人翁意识和城市荣辱感，从而带动城市精神文明建设的发展。

（4）有助于城市吸引各种人才。一个环境优美、经济发达、交通便利、富有活力的品牌城市，必将对各类人才产生巨大的吸引力。例如，北京、上海、广州、西安、武汉等城市，既是经济发达的都市，更是高校集中、科研先进、人才会聚之地。

（5）有利于吸引投资。城市承载着经济建设的职能，对经济的发展发挥着越来越大的作用，城市建设普遍面临着资金短缺等问题。要吸引投资，就要有良好的城市形象和城市品牌。

（6）有助于带动旅游业的发展。旅游业发展好的城市，一般都具有良好的城市品牌。相反，如果城市形象不佳，即使拥有好的旅游资源，也很难吸引旅客。比如，著名的乌克兰首都基辅被誉为"罗斯众城之母"。它是东斯拉夫人建立的最古老城市，位于第聂伯河右岸一块高度约90米的台地，三面濒临陡峭悬崖，形势险峻，拥有丰富的旅游资源。但由于俄乌冲突，这个过去游人如织的旅游胜地，如今已是"门庭冷落鞍马稀"了。相反的是，新加坡由于拥有良好的城市品牌，已经成了旅客向往的旅游胜地。

（7）有助于增强政府的信任感。首先，政府形象是城市的重要内容，要建设良好的城市品牌，就必须塑造良好的政府形象，一个廉洁高效的政府很容易获得广大市民的信任与支持；其次，城市品牌塑造本身就是为广大市民们办好事、实事，政府的行为同样会得到市民们的拥戴。

（8）能够让城市发展更有竞争力。城市品牌是城市的无形资产，是城市的核心竞争力之一，良好的城市品牌会让城市发展更具有竞争力。

第四节　如何提升城市品牌价值

一、修复提升传承型城市品牌

将千年传承的历史文化遗产激活，让传统历史文化在新时期重放光芒，为城市的改革开放和发展助力。在这方面，河南省洛阳市已经做出了表率。这个被称为"十三朝古都"的历史文化名城，近年来通过高点定位、系统规划、高标准修复、高水平发展，让一大批诸如隋唐洛阳城、天堂、明堂、应天门、九洲池、二里头文化遗址等代表盛唐盛景的文化遗址再展英姿，并规划建设了一批诸如洛邑古城、大运河公园等底蕴深厚的历史文化景区，从而引爆了洛阳市以历史文化为主线的旅游市场，拉动了洛阳市政治、经济、社会的全面快速发展。日前，2023 全国地级市传播指数揭晓，在全国地级市传播指数排名前100 名单中，洛阳位列第四，在河南省排名首位。连续多年被评为中国宜居城市、中国最具发展潜力的城市、全国生态保护建设示范区。

二、多角度开发资源型城市品牌

海南省五指山市位于海南东南部，是海南省的一个县级市。近年来，五指山市抓住国家加快南海开发的历史机遇，充分利用好山、好水、好区位的独特资源，同步加快生态旅游、休闲旅游、海疆旅游、红色旅游资源的综合开发，迅速让这个海岛小城市成长为生态名市、旅游大市、经济强市。2020 年，五指山市甩掉了全国贫困县的帽子，先后被评为全国百佳深呼吸小城、革命历史文物保护利用先进市、中国百佳富氧城市、中国全域生态旅游百强城市和中国最美城市。

三、做大做强产业型城市品牌

江苏省常熟市历史上并无服装产业优势。改革开放之初，常熟摆脱贫困，主动对接上海、南京服装的来料加工，并逐渐形成规模。当地政府及时发现商机，因势利导，于1985年首创常熟服装城并逐年培育发展，使常熟逐渐成长为融化纤、纺丝、织造、印染、服装设计、加工、服装机械生产、物流、营销等为一体的服装全产业链的世界服装设计、生产、销售基地。2019年，纺织服装行业销售额达到1300多亿元，服装城区域汇集经营户2万多家，市场交易额达到1630亿元。常熟纺织服装产业带是江苏省三大千亿级纺织服装基地之一。除波司登以外，常熟规模以上服装企业在2019年就有92家，工业总产值153.45亿元。此外，常熟还被评为全国服装品牌孵化基地、全国品牌服装生产基地、世界服装营销基地、国家AAAA级购物旅游景区。

四、推进赋能型城市品牌

赋能型城市品牌的出现，为城市发展带来了千年难遇的巨大商机，抓实抓紧发展机遇，便可以实现城市的超常规发展。北京市通州区紧紧抢抓国务院关于建设北京副中心城市决定的历史机遇，瞄准全力打造"绿色城市、森林城市、海绵城市、智慧城市、人文城市"，坚持"内外兼修，和谐、生态、健康、科学、可持续发展，一步一个新脚印，一月一个新台阶，一年一个新变化"的工作原则，全力打造北京新地标、世界未来城，拉动了通州区的突破性发展。占地11平方千米的"城市绿心"、千亩示范区主题绿化、北京环球主题公园、京津冀交通枢纽工程、京秦高速、运河博物馆、北京歌舞剧院等一大批具有城市引领作用的重大项目先后启动建设。2020年，通州区年生产总值、财政收入、居民人均可支配收入等各项经济指标均明显高于全国的平均增长水平。

五、打造创新型城市品牌

创新是城市发展的动力。不断打造创新型城市品牌，才能使城市青春长驻，由弱到强，长盛不衰。河南省柘城县原是地处中原的国家级贫困县，近年来，柘城县引进发展金刚石及其制品产业，成就了"钻石之都"的城市品牌；通过扶持辣椒生产，引进辣椒深加工产业，又成就了"中国椒乡"的城市品牌。通过品牌引领，拉动了全县政治、经济、社会的全面发展，成为全国脱贫攻坚先进县、全国文明城市。

城市品牌化能够有效地提升城市竞争力，已成为普遍共识。塑造城市品牌的作用和意义，可归纳为以下十个方面：①

（1）能够凸显差异化优势。城市品牌有助于城市在目标市场中凸显自身差异化优势和区隔，并在受众心中占据比竞争城市更为优越的地位。

（2）能够让城市形象保持一致性和持续性。城市品牌有利于城市形象的可持续建设和管理，规避设计和主题的散乱。

（3）能够凝聚营销努力的结果。城市品牌具有统一和凝聚的功能，有利于城市各界的力量能够自觉地投入到城市吸引力营造和品质提升的努力中来。

（4）能够提升城市营销效益。城市品牌不仅能够提升城市的溢价和增值能力，还是降低城市营销成本、提升城市营销效益和效果的有效途径。

（5）有助于支持顾客决策。城市品牌有助于城市顾客的识别和认知，从而简化投资、旅游、迁居等目的地选址决策过程。

（6）能够增强危机应对能力。树立良好的品牌形象，培育与提高受众对品牌的忠诚度是构成城市能够成功渡过品牌危机的一个重要的先决条件。城市能否安然渡过其面临的品牌危机，其中一个很重要的因素就在于城市在发生品牌危机时是否已经建立起足够的信誉。

---

① 城市营销与城市品牌——记中国人民大学中国营销研究中心副主任、教授刘彦平博士的学术讲座［N］．广东培正学院学报，2008-03-25.

（7）有助于促进经济增长。城市品牌有利于促进旅游、引进投资等，增加城市收益，帮助城市达成经济发展的目标。

（8）促进、放大原产地效益。城市品牌能够促进本地企业和产品的出口贸易，提高相关产品的附加值。

（9）有助于增强顾客认同。城市强有力的品牌有助于形成良好的口碑效应，进而增进城市外部顾客的信心，并且提升本地顾客如企业、居民及其他利益相关者的认同感和自豪感。

（10）产生正面外部效应。良好的城市品牌能够惠及多项城市功能，特别是通过城市总体品牌与城市营商、旅游、宜居和原产地等子品牌的协同和互动，能够有效提升城市总体价值和综合竞争力，同时促进城市的可持续发展。

【案例】超越"深圳速度"的魔幻城市

2020年4月，一座摩天大楼突然成为网红，引发朋友圈的疯狂转发。这座大楼就是迪拜的4D建筑——"舞动的摩天大楼"，它被命名为达·芬奇旋转塔，网友则称之为"舞娘"。这座大楼一共80层，高约420米，每一层都可以通过风力和太阳能发电的动力360度旋转。在不同的时间、不同的天气状况下，大楼还会呈现出不同的颜色。大楼在顶层设置了观景平台，游人可以从高处饱览迪拜风光。

达·芬奇旋转塔包括办公区域、居民住宅以及一个豪华酒店，20层以下是办公建筑，21~35层是七星级酒店，36~70层是豪华公寓，最上面10层是别墅。豪华公寓内设游泳池，探出式阳台可赏全方位美景。此外，大楼的居民们可以通过特快汽车电梯将自己的座驾放在公寓中。

大楼总共安装了79个风力涡轮，可以用来发电，风涡轮采用碳纤维材料，运行起来没有什么噪声。动感大楼还装有太阳能光辐电池，通过旋转系统，光辐电池可以获得最大的日照辐射量。只要每层楼有20%的屋顶暴露在阳光下，能够收集的能量就是一般大楼的 10 倍。建造商宣称，大楼的电能不仅能满足自身需要，还能为邻近的十座同等规模的建筑物提供电力。

其实，这座大楼的创意在 2008 年就已经有了，在意大利籍建筑师大卫·费希尔最初提出这个概念时，就显得非常大胆、新颖，最终获得迪拜一家公司的青睐，获得了 7 亿美元的投资，折合人民币约 47 亿元。

大楼 2018 年才动工，仅用了 20 个月的时间就建成了。它采用了最近几年非常流行的装配式建筑手法——先是在意大利的一间厂房内预先组装好每一个单位，配备所有水电系统以及从地面到天花板、浴室、厨房、储藏室、灯具和家具等全部装修，再运到迪拜现场进行组装，沿着中央的固定水泥主干一层层组装。

一般的大楼，修建一层需要六个星期，但这幢大楼每一个星期便建好一层。这种建造方法在节省工期的同时，还节省了 10% 的成本。装配式建筑的建造过程产生的污染很小，几乎没有垃圾废物、噪声、臭气和灰尘。住宅内部装修可以根据客户的需求定制，因人而异。如果大楼需要维修，也可以找到标准的组件，直接替换就可以了。持续旋转的房间里，水暖等管道线路如何布设，在一般人看来是个难题，大楼的设计者表示，在新的技术下，这些都不是难题，大楼采用了类似军用飞机在空中加油的系统。

为什么这样的建筑会出现在迪拜？这与迪拜的"网红体质"有着很强的关系。在电影大片中，迪拜是一个非常奢华的地方，与之相伴的往往是"富豪""奢华酒店"等关键词。事实上，迪拜也的确是比较富裕的城市，其人均 DGP 为 3 万美元，相当于中国的深圳。

但比深圳更魔幻的是，迪拜从一个沙漠小渔村发展到现在的国际化大都市，仅用了 20 多年的时间，发展速度堪比深圳。

在新闻媒体的眼中，迪拜就是一个建筑狂魔。"世界第一高塔""世界上最大的购物中心""世界上最豪华的地铁""未来 3D 建筑中心"等，迪拜通过一座座神奇的建筑登上世界各大媒体的头条，同时，也让国民经济摆脱了对石油的依赖，成为一个以旅游、金融为主的国际都市。

20世纪90年代开始，迪拜在第八任首长的带领下，启动了一个以旅游、会展经济为核心的发展计划，并大胆开启了只做第一不做第二的"全球化城市营销"之路。

1999年，耗资6.5亿美元的帆船酒店开业，这座酒店被称为世界上最奢华的酒店，其别致的造型也成为媒体争相报道的对象。

2005年，耗资3亿美元的迪拜滑雪场启用，这是世界上最大的室内滑雪场。众所周知，迪拜处于热带，在一般人的印象中，滑雪场应该出现在寒冷的地区。迪拜却反其道而行之，把滑雪场搬到了热带。

2010年，耗资15亿美元的哈利法塔建成。这是世界上最高的人造建筑物，仅这一头衔就为迪拜省下了不少的广告费。为了确保世界最高建筑物的称号，它的顶部使用了一种螺旋钢结构体，从建筑物内部一直延伸到顶端，可以用液压千斤顶提升高度。同年，耗资2.18亿美元的迪拜音乐喷泉建成，这是世界上最大的音乐喷泉。

2012年，耗资140亿美元的棕榈岛建成，这是世界最大的人工岛，被誉为"世界第八大奇迹"。同年，耗资4亿美元的世界最高的住宅楼迪拜公主塔投入使用。

2013年，耗资4.9亿美元的迪拜万豪伯爵酒店正式开业，这是世界上最高的酒店。

在建的项目，包括耗资17亿美元的迪拜硅谷、耗资43亿美元的世界贸易中心、耗资6亿美元的全球首个漂浮酒店。

……

在事件营销方面，迪拜也是堪称大手笔，一天发钱1亿元人民币的世界最高奖金赛马世界杯；世界上最大的烟花表演；老虎伍兹、费德勒、阿加西、张继科、马龙、刘诗雯、李晓霞等各个不同领域的体育明星均被请到帆船酒店的顶层进行表演赛。

凭借惊艳世界的建筑奇观，稀缺资源及颇富创意的营销策划，迪拜把一个海边的小城市发展成为一个旅游胜地，创造了世界城市发展史上的奇迹。2017年，到访迪拜的游客人数达到1760万，迪拜超越巴黎，成为继泰国曼谷和英国伦敦后的世界第三大旅游目的地城市。在英国人发起的"全球最受旅游者欢迎的景点"评选中，迪拜帆船酒店排名第三，仅落后于悉尼歌剧院和巴黎埃菲尔铁塔。

迪拜的发展也引发了一些城市的效仿，但迪拜经验可以用"极致化"来概括，做起来并不容易。

首先，要有开放的心态，着眼于全球整合资源。以迪拜哈利法塔的建设为例，它是由美国人进行建筑和景观设计，意大利人进行内装设计，美国人、比利时人、阿拉伯人、韩国人联合负责建造，中国江苏南通六建集团负责土建施工，香港远东、上海力时、陕西恒远三家公司则分包了玻璃幕墙，而具体施工的工人，则有印度人、巴基斯坦人等，会集了来自全球17个国家的技术精英，才完成了这座地球上最高的建筑，创造了奇迹。

其次，要有创新的观念，敢为天下先的勇气。历数迪拜的建筑奇迹，无一不是吸引眼球的经典之作，要做好这件事，仅靠钱是做不到的，必须敢于尝试世界上没有的事。迪拜已经拥有了世界上最大的3D打印建筑，将建设世界3D打印建筑之都视为城市发展的目标，这种超前的定位，将引领其城市一直保持着发展的活力和后劲。

最后，拥抱全球文化，兼收并蓄，突破想象边界，创造全新体验。迪拜把伊斯兰教作为国教，但作为一个多元化的国际都市和旅游城市，迪拜的宗教限制非常少，对于全球的文化，采取拿来主义的态度。例如，迪拜打算建水下酒店，要复刻一个水中的威尼斯，打造阿拉伯海的沉浸式水城威尼斯深度体验。

需要注意的是，迪拜文旅的开发并非完美。他们投入的资源重心主要聚焦于旅游地产的开发上，容易在短期内就看到成效，而对于文化的挖掘、文创产品的开发则略有不足。没有了文化的支撑，旅游就会成为无本之木、无源之水，难免后劲不足，而文创的开发，则需要文化资源的强力支撑。

第五章

数字时代的城市品牌

2021 年 7 月，上海发布了《关于全面推进上海城市数字化转型的意见》（以下简称《意见》）。根据《意见》提出的目标，到 2025 年，上海全面推进城市数字化转型取得显著成效，国际数字之都建设形成基本框架。到 2035 年，成为具有世界影响力的国际数字之都。

当前，数字化正以不可逆转的趋势改变人类社会，特别是新冠疫情的暴发，进一步加速推动数字时代的全面到来。

20 世纪 90 年代中期以来，随着互联网的广泛应用与大众参与度的大幅提升，数字科技在突破传统传播技术的基础上，创造出庞大的数字媒体渠道，城市居民的生活方式也发生了巨大变化，进入尼葛洛庞帝在 1996 年提出的"数字化生存"的新阶段。在此背景下，传统的城市品牌营销模式已跟不上时代的步伐，适用于互联网时代的城市数字营销应运而生，快速发展，并逐步走向成熟。

技术、模式、产业、组织、文化……数字经济给城市带来了哪些变革？先进制造、科技金融、新零售、智慧物流、智能医疗、数字内容、城市智慧……数字经济为传统行城市的品牌建设带来了哪些新机遇、新挑战？城市如何迎接数字经济？

第一节 数字时代来临

进入 21 世纪以来，学科交叉融合加速，新兴学科不断涌现，前沿领域不断延伸。以机器人、大数据、云计算、人工智能、区块链、5G 等为代表的新一轮信息技术革命已成为全球关注焦点。欧洲、美国、日本等发达国家和地区争相竞逐新一代信息技术市场。

当下，我们正处于第四次工业革命的巨变之际，以人工智能、虚拟现实、量子计算、量子通信、物联网、大数据、机器人、纳米技术、生物基因等为代表的新技术推动下的第四次工业革命，正在不断取得更多、更新的成果，逐渐改变着人们的工作和生活方式。新技术带来的新工艺、新产品、新应用，也导致人们行为方式、思维模式、生活方式发生改变。今天少数人正在体验的产品和服务，未来可能会成为一种很普及的产品和服务。

未来 10 年，随着信息技术的长远发展，通过云计算、物联网、移动通信、光子信息等技术支撑，进行个性化大数据计算是 21 世纪信息领域基本性的范式变革。在面向三元世界的计算中，计算过程不再局限于计算机与网络的硬件、软件和服务，而是综合利用物理世界、赛博空间、人类社会的资源，通过人、机、物融合协作完成任务。传统计算机科学将演变为人机物三元计算信息科学，传统信息技术将升级为"端—网—云"信息网络技术，出现新的硬件、软件、应用模式、协议和标准。

未来 10 年，新一代信息技术的发展正加速深化全球产业分工和推进经济结构调整，重塑全球经济竞争格局。中国须抓住全球信息技术和产业新一轮分化和重组的机遇，打造核心技术产业生态，推动前沿技术突破，实现产业链、价值链等环节协调发展，进而推动中国数字经济的发展。

当前，数字经济正成为驱动中国经济发展的重要力量。第六届世界互联网大会上发布的《世界互联网发展报告 2019》及《中国互联网发展报告 2019》蓝皮书指出，2018 年中国数字经济规模为 31.3 万亿元，占 GDP 比重达 34.8%，数字经济已成为中国经济增长的新引擎。此外，数据显示，北京、广东、上海、浙江、江苏五地的互联网发展位列全国前五。

数字经济是指以数字化的知识和信息为关键生产要素，以数字技术创新为核心驱动力，以现代信息网络为重要载体，通过数字技术与实体经济深度融合，不断提高传统产业数字化、智能化水平，加速重构经济发展与政府治理模式的一系列经济活动。发展数字经济的重要性不言而喻，而我国新一轮数字经济创新发展规划将加快落地。

从总量上来看，近年来中国数字经济规模保持快速增长，占 GDP 比重持续上升。数字经济蓬勃发展，推动传统产业改造提升，为经济发展增添新动能。2018 年，数字经济发展对 GDP 增长的贡献率达到 67.9%，贡献率同比提升 12.9 个百分点，超越部分发达国家水平，成为带动我国国民经济发展的核心关键力量。发展数字经济是促进经济转型升级的必由路径，也是落实网络强国战略的重要内容。

人类文明进程的每一次重大飞跃，都是对固有边界的突破。我们通过发现边界与定义边界，将未知转化为已知，又通过对边界的突破，对未来进一步探索，实现社会发展进程的跃升。蒸汽机的发明，突破了人力的边界，把人类社会带入工业时代；电力的广泛应用，打破了人类生产与生活的动力边界，人类历史从此由蒸汽时代跨入电气时代；计算机与互联网的发明，突破了人类脑力的边界，掀开信息时代序幕。进入 21 世纪，人类社会又一次站在变革前夕。以云计算、大数据和物联网等新技术驱动的数字经济时代迅速崛起，数字化变革的趋势和力量正在席卷全球。尼葛洛庞帝 20 年前的预言成为现实，"数字化生存"时代已然来临。边界正在模糊，边界正在融合。人与人、物与物、人与物之间智能互联，物理世界和数字世界深度融合正在发生，人类社会进入飞速发展的快车道，全连接世界、新商业文明正在诞生。

在数字化时代的探索道路上，技术的边界不断被突破。3D 打印技术的出现是数字化制造技术重大成果，突破了一直以来人们采用的减材制造办法，反其道创新，从散碎物料入手，利用数字模板，打造 3D 形状物体。事实上，研究人员已经开始研究 4D 打印，未来的产品将能通过自我调整适应温度、湿度等环境因素。

随着数字技术发展，移动支付、无人驾驶汽车、可穿戴设备联网等产品层出不穷。以 5G、云计算、大数据、人工智能与物联网为代表的数字技术，其能量在持续释放，社会网络化、信息数字化、交互实时化的现实，已经成为真实而普遍的生存方式。

在数字技术的驱动下，行业边界越发模糊。数字技术正在和各行业深度融合，越来越多的传统企业不停探索，打破行业之间的传统边界，进行数字化重构与升级，以应对行业变革。我们可以看到，在汽车领域，车辆变成了车轮上的电脑，电子元件占据了约 40% 的车辆成本。在金融行业，区块链、全新的"智能顾问"算法等技术的应用大幅降低了结算与交易成本，将改变传统金融与投资领域的运作方式。在医疗行业，利用物理、生物和数字技术的整合，通过可穿戴设备与植入式技术采集信息，变革同样在悄悄发生。

不断涌现的以数字技术创新为驱动的公司，正在利用其领先的技术能力，突破行业边界，成为行业的"颠覆者"。对大部分企业来说，数字化转型将是关键，全球约 1/3 的行业领导者将被全面数字化转型战略的竞争对手颠覆。

人类已经开始全面迈入数字化时代。数字化的无形触角全面渗透到城市管理、企业运营、环境保护、公共安全以及人们工作、生活、娱乐的每一个角落，数字化社会释放出的想象力与创造力，正在塑造着社会的未来，对人类社会结构变迁产生了深刻的影响。数字化转型，正成为国家创新发展的关键形式和重要方向。面对数字时代的到来，世界各国纷纷制定了相关国家战略。数字经济战略、ICT 发展战略、数字议程、数字化战略……对数字化转型之路的探索，方兴未艾。这个过程需要付出许多艰苦细致的努力，需要国家、行业、科研机构之间打开边界、紧密合作，构建开放的数字生态，以繁荣生态和共生关系的确定性应对未来的不确定性。

2023 年 2 月 27 日，中共中央、国务院印发的《数字中国建设整体布局规划》（以下简称《规划》）中提出，到 2025 年，基本形成横向打通、纵向贯通、协调有力的一体化推进格局，数字中国建设取得重要进展。到 2035 年，数字化发展水平进入世界前列，数字中国建设取得重大成就。

第二节　数字技术推动品牌变革

当前，数字化正以迅猛的势头改变着人类社会，特别是 2020 年暴发的新冠疫情，进一步加速推动数字化时代的全面到来。数字化席卷全球，英国发布"数字宪章"、日本建设"超智能社会"、新加坡提出"智慧国计划"。

我国政府高度重视数字化发展，明确提出"数字中国"建设战略。数字化转型、数字化改革和数字化发展出现的频率将越来越高。数字化作为打通经济社会运行堵点最有效的手段，尤其是对于具有复杂巨系统的大城市运行管理显得尤为迫切。面对海量的数据，越来越需要通过数字化手段进行高效管理。

一是数字化：建立网络通道发掘数据价值。

经过多年电子化、网络化和信息化的发展，中国城市发展已经进入数字化阶段。在硬件基础设施基本完善的前提下，如何顺应和加快数字化发展的趋势，借助国家"新基建"战略，线上线下相结合地开发和利用数据资源的价值，探索推动数字化改革或转型的系统逻辑和运营模式，已成为各地推动城市治理转型升级，构筑城市可持续发展的挑战。

以杭州为例，作为国内为数不多完整经历信息化、数字化、智能化、智慧化发展四个阶段的中心城市，杭州在无线城市、网络城市、数字城市、智能城市、信息城市、智慧城市等方面均有所建树。

二是智能化：建构城市治理物理世界的新秩序。

总体而言，数字化技术的发展意味着全覆盖监测、无限制联通、不间断交互、可视化呈现以及智能化应用，进一步加快了城市运行的速度、密度和强度，形成了更加复杂多变的治理情境与场景，给城市治理带来了无限的可能性。

当前，数字化技术日新月异，数字化转型高歌猛进，正在成为重构城市生产、生活和治理的革命性力量。

传统的城市管理主要是手工作业，是围绕形形色色的实物而展开的。不同社会事物拥有各不相同的特性，造成了社会事实的不可通约性，形成了沉重而僵化的物理秩序。数字化治理以简约的符码为中心，以数字化的方式来描述、理解和支配复杂的社会事实，建构了高度形式化、标准化、集中化和虚拟化的新秩序。特别是，数字化治理可以通过全面而彻底的"以数驭物"，最终实现轻灵而快捷的"以数治城"。超大规模城市是高度密集的社会空间，具有实现全面数字化的便利条件，密集的资源要素降低了数字化技术的单位成本等，为数字化转型提供了巨大的试验场。

三是智慧化：数字化驱动城市治理的未来前景。

从"互联网+政务"服务到数字政府整体构建，从"城市大脑"再到智慧城市，从智慧城市再到新型智慧城市，发展之路漫长曲折且充满了多种可能性。好在中国城市数字化转型不仅已经取得了显著的治理效能，也形成了诸多具有典型性的治理实践，但未来在大城市治理方面依然任重道远。

探索大城市治理现代化的新思路，需要建立、推进系统化的数字解决方案。针对整体化管理缺乏现代化平台、部门决策缺少支撑、部门合作缺乏协同、数据应用难等问题，必须通过打通数据接口，开发新的数据形式，建立全域块数据等综合性数据，实现数据之间的互联互通，全面提升数字素养，真正做到让数据说话、用数据决策、靠数据管理、依数据创新。

第三节 新媒体技术的应用

技术的出现必须以社会需求为前提，在现代人个性意识越来越强、社会逐渐多元化、社会结构日益扁平化的时代背景下，人们越来越倾向于追求独立性、自主性、创造性及平等性。因此，新媒体技术的诞生是时代的必然产物。

一、在互联网中的应用

美国连线杂志对新媒体是这样定义的，所有人都向所有人传输，所有人都向所有人互动，不同于一个人向所有人的沟通，也不同于一个人和一个人的沟通。所有人都向所有人传播互动就必须依赖新的技术，所有新的技术就是新媒体技术。因此，基于互联网下的新媒体技术具有先天的互动优势与作为媒体的信息服务功能，是网络经济与传媒产业实现对接的最佳选择。近几年，互联网平台依托新媒体技术迅速增长，从 Web 2.0 到 SNS 网站，新媒体技术让每一个用户不再仅仅是互联网的读者，同时也成为互联网的作者。例如，城市社区、微博、博客、维基、图音像分享等互动网站的诞生，为我们提供了一个融合真实社会和虚拟网络世界的"生活平台"。

二、在城市建设中的应用

当前，新媒体技术快速发展，并且结合了诸多行业应用，以信息网络（广电网络、互联网、电信网）为主要的传播载体，被政府广泛应用于城市建设当中，为城市构建数字媒体的制作、发布、管理及互动平台，并提供了紧急事件预警、实时咨询、城市风貌、市民互动交流、城市推介、品牌宣传、产品互动体验等多种形式的解决方案，其可视化的沟通交流、自主点播下载，使信息的传播更加生动、快捷。

三、在城市营销中的应用

新媒体技术应用广泛，其中"智慧城市""三维数字城市"和"网上城市形象展示"是城市营销应用方式的大体趋势表现，三者都属于城市宣传的一种，为城市塑造独具特色的品牌形象。

（一）智慧城市

随着大量的人口涌入城市地区，水、电及交通等关键城市系统已不堪重负。对城市居民而言，智慧城市的基本要务就是能轻松找到最快捷的上下班路线、供水供电有保障，并且能够保证街道的安全。城市居民希望在实现经济增长的同时，生活质量也能够稳步提升。

有专家认为，智慧城市，特别是以 TD-LTE 技术为代表的无线网络建设，对于提升城市管理和百姓生活有着极其重要的意义。工业和信息化部批复同意的 TD-LTE 规模试验总体方案，在上海、广州、深圳、杭州、南京、厦门 6 个城市已组织开展试验。

（二）三维数字城市

三维数字城市的应用，主要表现在以下方面：城市交通智能管控；城市资源监测与可持续利用；城市灾害防治；城市环境治理与保护；城市通信建设、管理；城市人口、经济、环境的可持续发展决策制定；城市生活网络化、信息化和智能化。

当前，三维数字城市正处在蓬勃发展阶段。例如，常州正在以信息技术为推力，以"精品城市"建设为目标，采用三维数字城市，构建可持续发展的数字规划体系，实现从地上到地下、从二维到三维、从单一到集成，为规划决策提供了所需的数据、模型、优化的方案和对未来环境的虚拟表现，不仅提高了规划管理水平，更从根本上提升了城市形象。

（三）网上城市形象展示

近年来，互联网技术在我国迅猛发展，网络媒体在政治生活、经济生活、社会生活以及文化生活中发挥着越来越大的作用，影响力与日俱增，并开始跻身于主流媒体的行列。网络媒体作为一种新兴的媒体，与传统媒体最大的区别在于其互动性。因此，很多城市充分利用网络媒体的特点，借助网络平台，以虚拟现实技术作为基础，采用网上城市形象展示，将城市的特色与形象全方位立体化展现在互联网上，为受众提供了最直观、最便捷的本地信息检索服务，为城市居民的衣、食、住、行提供了指引与服务，也为众多本地企业用户提供形象展示、电子商务活动、网络互动等服务。

早在 20 世纪末，就有人提出了数字化生活的设想，在几十年后的今天，随着移动互联网、物联网、云计算、大数据等业态的完善，以及社交媒体、移动支付的兴起，一个数字化的生活和工作场景正呈现在我们面前。由此而带动的智慧旅游，也将在旅游管理、旅游服务、旅游营销等领域大显身手，推动传统文旅向智慧文旅升级转型。

第四节　数字化+旅游+景区

自 2015 年"互联网+"的概念被写进政府工作报告以来，传统企业的信息化升级、数字化转型骤然加剧。这一过程主要通过数字化信息技术实现互联网与传统产业的联合，以优化生产要素、更新业务体系、重构商业模式等方式完成经济转型和升级。

互联网原生科技公司对于旅游行业的"入侵"，是推动传统文旅产业进行数字化转型升级的主要力量之一。目前，OTA（在线旅游）机构呈现出携程、美团、飞猪三足鼎立的状态。携程占据了先行优势，市场地位领先。美团拥有2.8 亿的活跃用户。飞猪背靠淘宝，拥有 5 亿移动活跃用户。

OTA 平台的发展，对于景区来说，是一把双刃剑。对于那些新兴景区，OTA 平台是它们获得流量的重要渠道，也是品牌传播的重要阵地。对于老景区，OTA 平台的存在，则成为一种威胁，是分利的野蛮人。那些垄断型公司对流量分发的控制已经变成一种新的寡头能力，在这个压迫下，中部公司过得非常困难，变成阻碍行业创新、遏制行业发展的力量。

在数字化程度较低或者根本没有数字化的景区，流量受制于 OTA 平台，对旅游产品的利益分配没有主动权，也形不成自己的用户数据积累，营销更多地采取大水漫灌等传统方式，很难做到精准营销。要改变被动局面，只有拥抱变化，充分利用科技的力量来改变自身的窘境。

在传统文旅产业时代，一个旅游产品从一片一无所有的空地，到最终能让消费者获得良好体验的景区，要经过一个非常长的链条，中间需要整合无数个大大小小的机构、企业资源，具有投资规模大、开发周期长、涉及环节多、综合配套杂的特点。也正因为这些特点，文旅产业是一个涉及行业多，对国民经济具有巨大带动作用的战略性支柱产业。

随着物联网、大数据、云计算、移动应用、人工智能、无人驾驶、5G 通信、机器人等在旅游产业的应用，旅游产业链将逐渐演变为以各种线上应用和服务为基础，以线下核心功能板块为支撑，以第三方服务为依托的圈层型产业结构。这种结构的最大好处是产业链条更短，运营效率更高，资源配置更灵活，市场反应更敏捷，代表了传统文旅升级转型的方向。

当然，对于这种结构，很多文旅行业的从业者也许已经比较熟悉，它就是智慧旅游的结构模式。"智慧旅游"的概念从提出到现在已经有很多年了，但受观念、人才、投入、技术等多种因素的局限，从文旅产业链末端的经营者角度看，并没有形成显性的整体优势。

第五节　打造可持续的超级智能城市

随着新媒体产业的快速兴起，国家间及国内城市间交流互动日趋频繁，新媒体凭借广阔的市场与日渐凸显的影响力，吸引资本大规模流入，从而使营销价值加强。与此同时，新媒体技术作为创意产业的"发动机"，更是以多样化的方式在创新营销中发挥了巨大的推动作用。

当下，打造一座城市的特色品牌显得越来越重要。建立城市品牌并不是一个广告、一次公关活动就能够轻易解决的，城市功能是如此的丰富，城市职能是如此的复杂，从经济、文化、交通、环境到居住、安全、教育和城市建设，每一个环节都关乎城市整体形象的塑造。

新一轮科技革命和产业变革加速演进，为中国经济、社会和城市带来了难得的发展机遇。"网络强国""数字中国""智慧社会"上升为国家战略，智能城市也成为国家战略的关键环节和重要支撑。近年来，人工智能正在推动各领域从数字化、网络化向智能化加速迈进。许多城市已经开始推进互联网、大数据、人工智能和实体经济的深度融合，打造人工智能创新发展的新高地。

2020 年，全球智慧城市投资规模达 1144 亿美元，后受新冠疫情影响增速有所放缓，但 2023 年有所回升，中长期的投资规模增速将会保持在 15% 左右。中国智慧城市正在转型升级迈入"超级智能城市"阶段，"超级智能城市"不再仅是透过先进技术与数据融合实现城市智能化，而是必须关注与实现绿色可持续，确保城市韧性，同时实现以人为本，才能建立高效、和谐、人文、可持续发展的城市。

第六节　大数据在城市品牌中的应用

随着人工智能时代的到来，整个营销领域发生了翻天覆地的变化，技术的升级迭代、数据分析的管理、内容生产的创意以及动态匹配的传播，这些都是品牌营销必须关注的新趋势。

大数据技术如何在城市品牌管理中应用呢？

一、以全局观念统筹顶层规划

城市品牌管理者首先需要有全局观，并且能充分思考如何通过大数据给城市赋予价值。目前，城市运行的各子系统间的"数据壁垒"仍然不少，各部门间的数据没有统一、安全的接口，因而无法实现信息的充分共享。为解决这些问题，智慧城市建设的主导者们需要统筹思量目前已有的数据，建立起大数据分析平台，系统地规划数据处理的流程，建立起安全的数据共享机制，进而实现信息的互联互通，打破信息孤岛现象。[①]

二、有助于智慧政务开展

城市发展需要规划者的高点占位、科学谋划，在结合现状的基础上预见、引领未来的发展方向。当前城市化进程迅猛发展，规划往往滞后于经济变化。在智慧城市的规划中，应依靠大数据，对城市的交通、人口、地理等进行综合分析研究，科学预测未来发展趋势。规划者应深入挖掘各类数据，对城市未来发展前景进行模拟，在大数据基础上创建市政设施的信息平台，提高市政管理效率。

三、便捷高效的新生活方式

智慧城市的建设使城市治理更加智能化、自动化，城市管理者将根据大数据分析平台做出更加科学的决策。各种基于大数据的智慧型应用方便了居民的日常工作、生活。智慧医疗省去了烦琐的看病步骤，病人可以在终端操作，实现一键预约、费用结算等。智慧政务实现"最多跑一次"的目标，省去复杂的办证过程，实现政务服务事项的网上综合受理和全程协同办理的"一号"申请、"一窗"受理、"一网"通办等。

---

① 邹思佳. 基于大数据技术的智慧城市建设 [J]. 智慧城市, 2021, 7 (3): 31-32.

四、推动智慧企业发展

在智慧制造中，创建带有当地特色的工业云平台，完善生产制造、市场营销与管理的供应链条，为企业提供一条龙服务。在智慧物流中，数据主要来源于 RFID、互联网、GPS、传感器等，通过大数据的应用，可对物流信息高效管理，使物流成本得到有效节约。

五、基础设施建设

智慧城市的基础设施建设主要包括两方面：一是需要增设基础设施设备，不仅要对互联网进行建设，还需要提升网络整体覆盖面积，增强网络覆盖率，以满足城市居民对互联网的需求；二是需要增强软件设施的建设，应用信息软件在大数据时代背景下的软件设施中占有重要地位，能够为城市建设提供有效的数据信息。由于移动通信设备被广泛使用，还能够及时获取相关数据信息。总之，大数据时代对智慧城市的建设有很好的促进作用。

六、智慧交通

当前，新一轮科技革命和产业变革正在萌芽，城市发展在大数据分析的依托下，将 AI 技术和物联网技术引向技术和产业发展，是一个重要的发展方向。

与此同时，国务院印发的《新一代人工智能发展规划》，对促进人工智能产业发展，对依托人工智能、物联网技术和第五代移动通信技术推动城市发展起到了巨大的推动作用。

第七节　5G 让数字城市的脚步更近

近年来，我们已经见证了太多技术发展带来的变革，未来将变成什么样？

5G 时代的营销又该如何创新赋能城市发展？

就商业创新来说，5G 意味着思维模式的变换，从单屏思维到混屏思维、从二维世界到三维世界、从数据智能到数字智慧、从单一场景到多元场景，5G 创新营销思维将成为主导。

知萌咨询机构发布的《2020 中国消费趋势报告》显示，消费者对 5G 的应用充满期待，50.5% 消费者对家庭 5G 宽带服务更感兴趣，42.1% 对极致的高清视频体验感兴趣，39.2% 对 AR/VR 内容感兴趣，还有一些消费者对 5G 智慧屏、智能家居和自动驾驶等感兴趣。

5G 让数字城市的脚步离我们更近。数字城市不只是技术上的"升级打怪"，更是革命性的重塑。通过全面数字化转型，推动城市全方位的规则重构、功能塑造、流程再造、生态构建，创造全新的生产生活方式和发展路径。比如，上海大力发展的"一网通办""一网统管"等，可以借助数字城市的"东风"，将"触角"延伸到公共安全、应急管理、交通管理、市场监管、生态环境等重点领域。

数字城市，听上去"技术范"十足，其实和每个老百姓的生活息息相关。在未来的数字城市中，市民们也需重塑数字时代的认知能力与思维模式，更加注重自身数据管理、信用维护、隐私保护、协同共治，使人人都成为数据的生产者、治理者、使用者、获益者。以数字化激发城市生命体每一个细胞的活力，让市民们在数字城市里开启生活新模式。

未来的数字城市不是单兵作战，而是坚持整体性转变，推动"经济、生活、治理"全面数字化转型。比如，未来要实现和"无人车"一起上路，除了考验"单车智能"外，更离不开道路智能化。中国移动上海产业研究院副院长黄刚曾表示，既要用聪明的车，也要有智慧的路。"通过车路协同在路侧设置摄像头，设置感知设备，它可以把人看不到的信息传送到'无人车'上，让它提早预判及时反应，是车路协同一个很典型的应用。"

"数字+城市"，不是碎片化的链接，而是坚持全方位赋能，构建数据驱动的数字城市基本框架。如果说 4G 改变了我们的生活，那么 5G 将改变我们的社会。以杭州为例，杭州作为数字经济建设的排头兵，充分发挥区域的数字资源优势、能力优势，持续领跑中国新基建，实现了从 4G 第一城、5G 第一城，再到现在"双 5G"第一城的跨越式发展，并率先在全国提出建设"城市大脑"，带动城市服务、社会治理变革升级，促进人民生活品质提升，着力打造"全国数字经济第一城""全国数字治理第一城"。

在这其中，正是以 5G 和 F5G 为核心的新型信息基础设施孕育着新一轮推动产业变革、新旧动能转换的关键使能技术，在驱动经济效率提升、改善民生福祉方面具有不可替代的战略性作用。我们正积极探索"双 5G"的建设布局方向，让作为数字城市底座的"双 5G"协同联动，开创数字治理的新路径，打造数字经济的新引擎，赋能数字生活的新体验，加速开启一个万物互联的智能世界。

5G 是目前全球性创新的话题，自动驾驶是其中的场景，还有远程的医疗、远程的教育，实时的非常快速的自动化控制，包括智慧的制造、智能制造等一系列都会延伸出来。

第八节 借助短视频进行城市营销

在互联网市场下沉大潮的影响下，区域市场的用户在媒介行为与内容消费习惯上发生了重大的转变，时间与精力从传统电视与长视频平台转移到了新兴的移动视频平台。

用户的注意力在哪儿，品牌营销就应该在哪儿。在与区域市场用户沟通时，新兴移动视频平台已成为品牌营销的新阵地。比起传统的媒体平台，新兴移动视频平台的特性既契合了区域市场用户娱乐为先、社交意愿高、圈层化消费等需求，同时也满足了本地广告主高效沟通、快速转化的诉求。

从城市形象相关视频的播放量上来看，"新一线"城市在抖音上集体崛起。重庆是播放量过百亿级的城市，城市形象相关视频的总播放量达113.6亿，可以称得上是"抖音之城"。这样惊人的数据，不得不让所有人开始关注短视频与城市形象传播之间的关联性。在抖音的强势助力下，仅2018年这一年全国各地就诞生了非常多的"网红城市"，成为一些年轻人的打卡胜地。例如，最"抖"城市TOP30名中，温州、宁波、南宁都不是传统意义上的一二线城市或旅游城市。还有一些不太知名的小城市也在抖音上获得了非常好的数据，如马鞍山、茂山、衢州。这些城市的火爆不仅带动了当地的旅游产业，还为城市树立了新的地标。

目前，短视频行业进入成熟期，已成为最重要的流量高地，手机流量资费下降、智能手机硬件性能提升及算法分发的应用推动短视频行业快速爆发。经过近些年的发展，短视频用户规模已超8.5亿，用户使用时长在移动互联网用户使用总时长的占比已达10.5%。[①]

短视频行业的快速发展是外部环境和内驱力共同作用的结果。从外部环境来看，短视频监管力度加大，规范行业生态，促进良性发展。同时，智能手机和4G网络的普及打破视频消费的时间和空间限制，是短视频得以快速成长的土壤。

第九节　数据平台，解构传统架构

"营"与"销"割裂的状态，让城市营销者越来越难以适应新的市场竞争。在城市品牌的实战层面，不仅需要营销模型与方法论的创新，更需要营销平台以产品化的形式提供落地的资源解决方案，让营销活动的开展变得更便

---

① 孟越洋. 美食公众号的运营策略研究——以"Taste 武汉"为例［J］. 传播力研究，2020，4（18）：66-67+69.

捷、更高效。

因此,营销平台也将顺应城市管理者的需求,推出更智能的城市品牌营销工具与一站式整合营销解决方案,无缝打通从信息传播、用户互动到消费转化的完整闭环,串联起线上流量与线下转化,用更适合本地定制式的策略打法与资源整合,为城市品牌营销打开新的想象空间。

在移动互联网时代,当数字化成为一种核心战略,如何实现业务数字化,如何使数据赋能企业、城市业务转型升级,如何提升企业、城市数字资产的价值,成为制约企业、城市发展的瓶颈,对于城市管理者来说更是如此。

在以消费者为中心的时代,企业、城市的数字化应用发生了深刻变革。传统的架构难以适应海量数据的开发,因此,向分布式、平台化转变成为商业变革、城市运营的方向之一。分布式架构的灵活性、可扩展性,以及能承载海量用户的能力,使云平台成了商业以及城市运营的必然选择。为了支撑业务迭代创新,互联网巨头开始实施"中台"战略,通过"中台"将共性需求抽象化,通过解耦和组件化方式,各种业务应用则以微服务方式进行交互处理,以保障业务随着场景发展而迭代,支撑用户的全新体验与个性化服务。[①]

【案例】数字化城市营销绽放异彩

敦煌是世界闻名的旅游城市,其深厚的历史文化底蕴、动人心魄的大漠风光吸引了大量国内外游客。然而,在 2020 年,由于新冠疫情影响,敦煌暂停了景区开放。

此时,一款名为"云游敦煌"的小程序应运而生,为热爱敦煌文化艺术的游客提供了丰富的敦煌石窟艺术欣赏线上体验。该小程序最受欢迎的一个板块叫"今日画语",用户每天打开小程序,都能自动获得一张以敦煌壁画为背景的日历,上面注有壁画绘制朝代、洞窟编号等信息,还有一两句古老箴言,

---

① 《2019 年中国数字营销解决方案市场白皮书》发布 [N]. 中国计算机报,2019-03-11.

用户可以一键分享到朋友圈。

据统计，"云游敦煌"上线仅 10 天，用户就突破 100 万人，60% 以上为 "80 后"和"90 后"。这个小程序不仅提供线上体验，以便游客全面了解敦煌的旅游资源及文化遗存，还整合了智慧景区导览等线下服务，游客可以在线购票、在线预订课程，在地图上一键就可以找到服务点、餐饮点、商场、乘车点、停车场、洗手间等。

"云游敦煌"还推出了极具特色的敦煌文化体验课，包括"敦煌经典壁画动画制作体验课程""印章篆刻""抄经习字""壁画数字化采集"等线下体验课程和活动。通过"畅听旅行"，还可以自动打开相应的音频平台。

敦煌是在全国各地兴起的"云游景区"大潮中，做得非常好的城市之一。之所以能取得这么突出的成绩，与敦煌市这几年来一直在推进智慧城市、智慧旅游建设不无关系。

2016 年 11 月，在第六届全球智慧城市博览会上，敦煌市获得"智慧城市提名奖"，是中国第一个在智慧城市领域获得该国际大奖的城市。全球智慧城市博览会是目前全世界规模最大的智慧城市主题展会，由西班牙政府、世界银行等共同组织发起，在全世界享有极高的声誉。

敦煌市地处甘肃省西部，隶属酒泉市，是世界知名的旅游城市，以"敦煌石窟""敦煌壁画"闻名于世，是世界自然遗产莫高窟和汉长城边陲玉门关、阳关的所在地。近年来，敦煌在利用数字技术方面有口皆碑，取得了文物保护和经济收入的双丰收。

《敦煌市 2019 年国民经济和社会发展统计公报》显示，2019 年，敦煌市旅游业接待游客 1337.33 万人次，同比增长 24.14%，实现旅游收入 149.69 亿元，同比增长 30.16%。不仅如此，通过敦煌这块金字招牌的带动作用，整个酒泉市 2019 年旅游业接待游客突破 4200 万人次，同比增长 30.03%，旅游收入达到 418 亿元，同比增长 32.35%。

敦煌市常住人口仅 20 万左右，要完成千万级人次的接待，并有效保护当地的文物，没有数字技术的帮助，是无法想象的。敦煌通过发展智慧旅游，重构旅游要素，创造了发展旅游的新模式，为文旅产业的发展提供了新的思路。

敦煌智慧城市建设摆脱了"依靠政府，依靠财政"的老思路，2014年，敦煌市即确定了智慧城市建设的基本思路：不靠政府、不靠财政，公司化、社会化运营，积极引入社会资本，盘活城市资源。负责敦煌市智慧城市建设的公司是敦煌智慧旅游有限责任公司，他们确定的总思路是以智慧旅游产业把其他所有行业资源进行统一的梳理、整合、共享，开展这一行动的基础就是物联网、移动通信、云计算和大数据等新基建产业。

在通信基础设施的建设上，敦煌已在市内43家酒店、大剧院、旅游景区等游客聚集区域实现了Wi-Fi全覆盖。游客进入敦煌之后，只需一次认证，Wi-Fi信号会一直跟随，极大提升了游客的线上体验。此外，敦煌还推出了互动游览、手机客户端服务，为游客提供景点介绍、电子地图、自主导览、语音讲解服务，实现了把"导游装进手机里"。

通过手机客户端入口，游客可以进入景区虚拟全景展示系统，提前快速了解景区资源，确定和安排行程。完成在线支付后，游客可以通过二维码、身份证、人像、指纹等多种手段进出景区。游客指纹识别还实现了电子票务和一票多次入园的功能。这些数字化手段使得鸣沙山月牙泉景区2017年的游客接待数突破200万人，游客满意度超过96.5%。

利用物联网技术，敦煌对旅游资源的保护也实现了"智能化"。他们对莫高窟、玉门关、汉长城等文化遗址遗存本体及外围风沙、水文、气象、病害等影响文物存续的因素进行了实时监测、预警和管理，实现了对文物本体由抢救性保护到预防性保护的转变。

敦煌根据对洞窟内湿度、温度、二氧化碳浓度、游客数、交通接驳的密度等的监测数据，决定洞窟的开放时间和数量，这是对文化遗产的有效保护。

基于强大的软硬件基础设施，敦煌已建成旅游文化资源大数据库，并进行了全面共享，比如，敦煌手稿文献、敦煌学研究论著、敦煌石窟内容总录等

23个数据库，收集到了20多万篇相关资料，初步形成了集敦煌文化保护、研究、弘扬为一体的传播体系。敦煌还建立了非遗数据库，对市域内53项非物质文化遗产名录体系、传承人体系、音像手稿资料体系等进行了数字化。

以莫高窟为例，敦煌研究院对石窟进行了全方位的数字化信息采集、加工和存储，将获得的数据和文献数据汇集起来，构建了智能化、多元化的石窟文物数字资源库，并通过互联网向全球推广。游客足不出户就能在线体验到敦煌石窟的魅力，大大缓解了旺季游客剧增对莫高窟文物造成的压力。

随着政务云、企业公有云、地方数据中心等基础设施建设的推进，物联网智能硬件的普及，各行业应用的开发，敦煌市"智慧旅游"仍然有巨大的潜力可挖。

未来的某一天，我们或许可以通过多个入口，进入立体化的数字孪生城市敦煌，借助AR、VR等技术和设备，近距离凝视那些栩栩如生的壁画，这些壁画中的人物都活了过来：一个弹着琵琶的飞天飘过身边，轻启朱唇、眉开眼笑；坐在远处的老僧，敲响了木鱼。

第六章

科幻文旅与未来城市品牌构建

科幻和文游的结合并非新鲜事，但科幻文旅作为一个整体性概念，无论是学术界还是企业界，都没有深入研究和具体实践过。从宏观和前瞻的视角，利用系统的思维，对科幻文旅的内涵和外延进行探讨，能够进一步明确科幻文旅的发展路径，给行业带来更多启示。

仅就目前的状况而言，科幻旅游只是一些零星的体验性设施，面向市场的本土原创科幻文旅项目寥寥无几。对于中国旅游市场来说，科幻文旅是一个新课题、新物种，也是加速传统文旅转型升级的新方向。

第一节　科幻文旅，方兴未艾

2017年5月，在位于美国佛罗里达州奥兰多迪士尼乐园内的动物王国园区，《阿凡达》主题公园正式对外营业。这个于2014年开始动工、投资超过5亿元的主题公园以潘朵拉星为蓝图，重现了家园树、悬浮山等《阿凡达》电影中的经典场面。在主题公园内，游客可以近距离观察电影中巨大的蓝色纳威人。利用AR技术，游客可以戴上眼镜，体验坐在斑溪兽背上飞翔在群山之间的感觉，穿越瀑布时的水雾、穿过森林时的微光，将游客带入电影所呈现的科幻世界。

随着机器人产业的发展，新材料的发明和使用，这种巨型机甲会越来越灵巧，或许很快就能和电影里面一样快速旋转、奔跑、跳跃了。到时候，普通游客经过简单的培训，也一定可以轻松地驾驭这种笨重的大机器人。或许电影《铁甲钢拳》中所描述的机器人拳击赛在不久的将来就会在现实中出现，引领人类社会进入机器人时代。

在国内，虽然至今还没有一家科幻主题的乐园。不过，贵阳、常州、三亚、成都等地均有科幻相关的文旅项目开始讨论和施工，以弥补科幻主题公园的缺失。

在当今全民娱乐化的时代，旅游项目规划、旅游产品打造、旅游服务体验设计都需要创新的思维、跨界的思路、整合的理念，科幻所体现的精神内核与当代主流游客群体的深层次精神需要高度契合，这也是科幻大片屡屡能够在市场斩获高票房的原因。

在整个 IP 开发产业链中，游戏、衍生品、主题乐园等都与旅游紧密相关，分别代表了旅游基本六要素中的游、购、娱，为科幻 IP 的发展提供了广阔的空间。在旅游经济越来越强调参与感、互动性、沉浸式体验的今天，新奇有趣好玩的游戏、科幻文创产品、科幻主题乐园等，必将成为未来文旅产业的主流消费方式。

在海外，科幻 IP 的开发具有十分成熟的运作模式，其具体产品不仅包括小说、电影、游戏等，还包括衍生品、品牌授权、商业合作及主题公园。美国每年电影衍生品收入占 IP 开发总收入的 70% 以上，是相当成熟的产业结构。《星球大战》三部曲的全部票房收入为 18 亿美元，其衍生品的收入却超过 45 亿美元。

《阿凡达》更是 IP 营销的典范，其整个产业链的运作值得国内同行借鉴、学习。电影还未上映，《阿凡达》官方游戏便抢先推出，游戏内容并非简单地对电影内容进行改编，而是有很多创新设计。此外，《阿凡达》的广告宣传几乎是由麦当劳、松下、可口可乐等合作伙伴一手包揽，从影片上映之前就开始做足市场攻势，影片导演卡梅隆本人对于这场商业大战也是全程参与支持。

麦当劳推出的"阿凡达变脸器"受到食客们的欢迎，网友只要上传一张清晰头像照片，就可以瞬间变身为潘多拉星球的"纳威人"。有些网友用明星的脸制作了纳威人，引发了很多人对于这个变脸器的兴趣，在网上引起热议。同时，麦当劳推出了购买套餐送阿凡达玩具的活动，只要购买儿童套餐就能获赠一款阿凡达玩具，为了攒齐全套阿凡达玩具，有的顾客还专门拉朋友一起点餐。

可口可乐零度则为《阿凡达》启动了一个名为"阿凡达计划"的网站（www.avtr.com），该网站以文字、图片、视频的形式描绘了电影《阿凡达》中地球与潘多拉星球两个迥异的世界。之后，可口可乐重磅推出了科技感十足的电视广告。广告片中，一个男孩用带有"AVTR"字样的"零度"饮料罐激活飞船后，仿佛真的来到了潘多拉星球。

2019年初，全球影迷翘首以盼的《阿凡达2》在网络上曝光了几张海报，立刻就引发了媒体和影迷的疯狂转发。遥想《阿凡达》上映时的一票难求，还得追溯到十几年前，这个IP的魅力和热度依旧不减，这充分说明了顶级IP的巨大力量。

当然，科幻与文旅的结合绝不止内容供应这么简单，科幻文旅是一套整体性的思维，对于整个旅游业而言，有着强烈的指导意义和价值。当下，我们正迎来轰轰烈烈的第四次工业革命，本轮革命涉及的领域非常广泛，但核心还是科技的大发展，以及社会各个层面的智能化。

当代文旅产业的规划师、策划者、设计师，如果在规划设计阶段，没有科幻文旅的思维，没有充分应用科技、科幻元素，必将在未来丧失核心竞争力。

在顶层设计上，文旅产业可以引进知名的科幻IP或者打造自己的原创IP，从小说、电影、电视剧、网剧、舞台剧、衍生品、主题公园、主题酒店等IP开发链上去考虑科幻与文旅的无缝融合。

在相关旅游产品的策划及开发上，也应考虑 5G、云计算、VR、MR、纳米材料、物联网、无人驾驶等新科技的介入和利用，更好地为游客提供科幻文旅服务，打造更具沉浸感的旅游体验；在旅游产品的设计上，应站在 5～10 年后的视角，考虑今天的旅游规划和设计，用虚拟现实等创新思维与手法，创造新的内容，打造具有前瞻性的科幻文旅产品；在整体营销和服务上，要充分考虑年轻人的喜好以及消费模式的变化，以更富创造性的营销、更具活力的媒体平台、更具参与价值的内容、更多分享裂变的形式，获得事半功倍的营销传播效果。

第二节 什么是科幻文旅

早在 20 世纪初，美国好莱坞就建成了自己的影视拍摄基地，后来形成了迪士尼等六大影视公司以及以拍摄地为基础建立的电影主题公园——环球影城。好莱坞环球影城位于洛杉矶市区西北郊，是游客到洛杉矶的必游之地。在环球影城，有中国观众耳熟能详的变形金刚、小黄人、怪物史瑞克、外星人 ET 等相关游乐项目，可以说是科幻与旅游相结合的典范。

目前，环球影城在全球仅有五个主题公园，其中包括北京环球影城。北京环球影城的建设为中国科幻与文旅的结合起到了积极的示范作用，将改变中国没有科幻主题公园的历史，进一步推动科幻与旅游的融合，提速中国科幻文旅相关产业的发展。

以环球影城为例，科幻文旅从字面意思上可以理解为科幻加旅游，但这样的理解过于狭隘，会大大降低科幻对于旅游所具有的开创性价值，弱化科幻对于未知的启示性意义。要充分发挥科幻思维的价值，必须在更宽广的层面，对科幻文旅的整体概念进行诠释。

仅用拆字法去解释，科幻文旅至少包含"科学与科技""幻想与幻象"

"文化""旅游"等层面的意义和内涵。科幻文旅不仅是方法论,也是产品体验和未来目标。

首先,科幻文旅是一种用科学思维、科技手段(数字化、智能化、移动化等)来完成旅游项目策划、旅游场景设计、旅游服务营造、旅游数字化整合营销、旅游电子商务、旅游文创衍生产业开发的整体理念。

近几年,"互联网+旅游"的模式带动了传统旅游行业的升级,创造了一个庞大的"在线旅游"市场。易观分析发布的《中国在线旅游市场年度综合分析2019》显示,2018年,中国在线旅游交易规模达到9754.25亿元,2019年在线旅游用户规模达到近4亿人。

随着人工智能和数字科技的进步,越来越多游客在安排住宿前,会通过数字渠道了解目的地及住宿环境,通过线上渠道预订车票、机票、酒店,团购菜品,甚至景区的门票等,一部手机即可完成所有的支付工作。国际数据资讯公司数据显示,未来超过80%的游客则希望能通过VR(虚拟实境技术)体验后再做决定。到2020年,人工智能将推动全球旅游业收入超过470亿美元。"知道客户在哪、客户将去哪、客户有何种需求及潜在需求"的旅游企业将能够分到很大的一块蛋糕。

对于传统旅游景区来讲,如何融入互联网经济,如何打造科技化的旅游,将是一个非常大的挑战。不少地方的景区深度依赖于旅行社渠道,包括OTA(在线旅行社)等。景区缺乏网络场景下的入口,流量被渠道劫持,在利润分配上处于弱势地位,这也造成了一些问题和不满。例如,张家界一位旅游界人士就表示,张家界旅游资源非常丰富,但游客大多掌握在渠道手里,去哪里旅游由导游说了算,很多游客来了一趟张家界,去了很多外围的景区,甚至连核心景区都没有看到,就很快被分流到外地去了。自由行的游客也是一样,网上看到的攻略、点评,大多是渠道请写手写的,真实的信息被淹没在信息的汪洋大海中,一般的游客根本无法辨别真假。到了张家界,也大多离不开地接社的服务,去哪里旅游,旅行社的建议起到决定性的作用。

其次，科幻文旅的幻想和幻象，是文旅内容的重要来源。

科幻文旅的内容具有一种与现实不同的未来感、疏离感，但在文化上，又并不陌生，能让游客产生强烈的代入感、认同感。

随着技术的成熟，虚拟现实技术开始在旅游行业发挥作用。大批旅游公司都在努力挖掘该技术的潜能，并将其应用到实际中。例如，加拿大魁北克"幻光森林"旅游项目就是成功的典范。据统计，该项目一经推出，游客即从原来的 6000 人猛涨到 7.2 万人，该森林也成为热门的夏季旅游目的地。

2019 年，上海 teamLab 无界美术馆、北京梵高星空艺术馆等主题展馆，凭借出色的声光电技术和抖音视频传播，很快成为网红打卡地。这样的创新项目投资并不大，建设周期短，但回报率却很高，原因就是其游客体验做得好，游客愿意通过朋友圈、抖音短视频等方式进行分享。

此外，宋城、上海迪士尼、华侨城等都表示要与 VR/AR 合作，这种"沉浸式"互动体验新技术，在旅游业中的应用前景相当广泛。

随着科技的发展，未来的世界将进一步分裂成为现实的世界和虚拟的世界，虚拟的世界将变成更加重要的世界，手机、物联网的互联互通将形成一个技术超体，甚至形成独立于国家之外的存在，旅游的幻象化也将在这一过程中完成升级转型。

再次，充分利用科技手段，复用文化资源，形成独特的竞争优势。

有很多地方，自然景观资源单一，发展旅游业受到很大的限制，但人文资源比较丰富。一些景区生搬硬套地方文化、历史文化，以为有了名人、名故事就能够吸引游客，开发了很多不伦不类的旅游产品和项目，初期的新鲜感过后，就沦为无人问津的存在。

利用好文化资源，必须考虑当下游客的审美趣味和消费需求，对文化资源进行再创作。进行二次开发，需要策划师、设计师、艺术家和文化学者的联动，丰富文化的细节、深化文化的内涵、提升文化的体验、强化文化的互动，才能形成对游客的吸引力。

最后，结合全域旅游的整体规划，强化前期的规划、策划和设计。

2015 年 8 月，全国旅游工作会议研讨会首次提出发展全域旅游的设想。同月，国家旅游局发出了《关于开展"国家全域旅游示范区"创建工作的通知》。2016 年 1 月，全国旅游工作会议谋划"十三五"和全域旅游发展思路。2016 年 2 月，国家旅游局公布了首批创建"国家全域旅游示范区"名单。

第三节　文旅模式亟待创新

2018 年 4 月，文化和旅游部正式挂牌，诗与远方合体，让中国旅游业翻开了新的一页，站上了一个新的历史起点。文化旅游不仅成为一个行业热词，还成为旅游投资的一个风向标。

2020 年 6 月，文化和旅游部公布了文旅产业发展的统计公报，不仅重点提及了 2019 年旅游行业的发展情况，还公布了 2012~2019 年中国旅游业在国内游人次、国内游收入、入境游人次、入境游收入、出境游人次、旅游总收入六大指标的整体情况，使我们对近年来中国旅游业的发展情况有了一个比较整体的认知（见表 6-1、表 6-2）。

表 6-1　2012~2019 年我国旅游业主要发展指标

年份	国内游人次（亿人次）	国内游收入（亿元）	入境游人次（万人次）	入境游收入（亿美元）	出境游人次（万人次）	旅游总收入（万亿元）
2012	29.57	22706	13241	500.28	8318	2.59
2013	32.62	26276	12908	516.64	9819	2.95
2014	36.11	30312	12850	1053.8	10728	3.73
2015	39.9	34195	13382	1136.5	11689	4.13
2016	44.35	39390	13844	1200	12203	4.69

续表

年份	国内游人次（亿人次）	国内游收入（亿元）	入境游人次（万人次）	入境游收入（亿美元）	出境游人次（万人次）	旅游总收入（万亿元）
2017	50.01	45661	13948	1234.17	13051	5.4
2018	55.39	51278	14120	1271.03	14972	5.97
2019	60.06	57251	14531	1313	15463	6.63

表6-2　2012~2019年我国旅游业主要发展指标

年份	国内游人次增长率（%）	国内游收入增长率（%）	入境游人次增长率（%）	入境游收入增长率（%）	出境游人次增长率（%）	旅游总收入增长率（%）
2012	11.97	17.62	-2.22	3.23	18.41	15.11
2013	10.31	15.72	-2.51	3.27	18.05	13.90
2014	10.70	15.36	-0.45	103.97	9.26	26.44
2015	10.50	12.81	4.14	7.85	8.96	10.72
2016	11.15	15.19	3.45	5.59	4.40	13.56
2017	12.76	15.92	0.75	2.85	6.95	15.14
2018	10.76	12.30	1.23	2.99	14.72	10.56
2019	8.43	11.65	2.91	3.30	3.28	11.06

资料来源：《文化和旅游部2019年文化和旅游发展统计公报》。

统计公报显示，2019全年国内旅游人数为60.06亿人次，比2018年同期增长8.4%；入境旅游人数为14531万人次，比2018年同期增长2.9%；出境旅游人数为15463万人次，比2018年同期增长3.3%；2019年实现旅游总收入6.63万亿元，同比增长11.1%。

历史地来看，中国旅游业在中国经济高速发展的强势带动下取得了快速发展。对比2011年和2019年的数据，我们可以看到：国内游人次翻了一番，国内游收入和旅游总收入增长了两倍。

不过，从近几年的数据来看，无论是旅游人次还是旅游收入，均出现了明显的放缓迹象。在全球经济增长乏力，中美摩擦不断，国内经济放缓的大背景下，中国旅游业能取得如此的成绩，还是相当不容易的。

旅游业整体上相对乐观，但对于每一个具体的景区、每一个具体的旅游项目，就冷暖自知感受不一了。有的景区跃升打卡景点，有的地方成为网红城市，也有的 5A 景区难以为继、4A 景区破产倒闭。

2019 年 11 月 22 日，"第四届中国休闲与旅游发展论坛"在上海召开，会上发布了《2019 中国主题公园竞争力指数报告》（以下简称《指数报告》）。《指数报告》采用区域竞争力、规模竞争力、项目吸引力和发展能力 4 个一级指标、合计 14 个指标组成的主题公园综合竞争力评价指标体系对国内的主题乐园进行了综合评价。其中，上海迪士尼不出意外以遥遥领先的优势获评综合实力第一，东部华侨城和世界之窗位列第二和第三。深圳欢乐谷、深圳锦绣中华民俗村、长隆欢乐世界、北京欢乐谷、上海欢乐谷、武汉欢乐谷和常州中华恐龙园依次跻身前十强。除了头部的主题公园，《指数报告》也反映了中国大陆主题公园的整体情况。《指数报告》显示，截至 2019 年 8 月，中国大陆的主题公园有 339 座，其中 25%亏损、22%持平、53%盈利。

中研产业研究院也曾发布《2017-2022 年中国文化主题公园行业竞争格局分析与投资风险预测报告》（以下简称《预测报告》）。《预测报告》显示，截至 2016 年，我国各种规模的主题公园达到 2797 座，空间分布极不均匀，东、中、西部呈现出明显的差异，东部 11 个省、市拥有的主题公园数量占到全国总数的 58.08%，中部地区 8 个省的主题公园占全国总数的 23.33%，西部地区只占到全国总数的 18.75%。国内主题公园有 70%处于亏损状态，20%收支平衡，仅有 10%能够实现盈利。《预测报告》特别提到，近 10 年来涌现的主题公园中，约有 80%已经倒闭。

从这两份报告来看，中国主题公园总量从近 3000 座到 300 多座，90%的竞争者都已经出局，剩下的部分，仅有过半的主题公园能够盈利。

造成这种局面的因素比较复杂，也很难一概而论。有的主题公园地段较好，很多开发商提出了"主题公园+地产"的模式，从政府拿地，等地到手后，公园成了可取可弃的鸡肋，自然消失。有的主题公园缺失顶层设计，忽略了可行性分析，又无原创能力，盲目抄袭，自然难有竞争力。有的主题公园项目投建后，缺乏对于产业的深入理解，缺乏运营管理经验，无心进行持续的更新维护和内容创新。

总体来说，在经营上难以为继的旅游景区，存在以下七个共性的问题：

1. 缺乏顶层设计，项目盲目跟风上马，投资者试图立竿见影，短期内收回投资

在谈到旅游项目同质化问题时，有评论认为："山山玻璃桥、村村木头房、处处农家乐、家家花田香。"在张家界的玻璃栈道火了以后，全国一下子涌现出了 2000 多座玻璃栈道，袁家村火了以后，全国乡村旅游项目都在学袁家村。然而首创者依旧红火，几乎所有的模仿者都以失败告终。有的景点不给市场成长的时间，缺乏长线思维，一看情况不对，就失去了继续精心经营下去的信心和动力。

2. 消极对待行业政策，硬件不达标，软件不提升，触碰监管红线

2019 年 11 月 6 日，文化和旅游部在北京召开文化和旅游市场整治暨景区服务质量提升电视电话会议，会上透露，在景区整改提质行动中，全国复核 A 级旅游景区 5000 多家，1186 家景区受到处理，其中 405 家受到取消等级处理。复核 5000 多家，就有 1000 多家受到处理，比例高达 23%，降级率达到 9%。这个数据，相当于 20 年前整个中国旅游景区数量的总和。行业监管的标准，只是对各地区旅游品质的基础性要求，而非对旅游经营者的最高要求，如果连基本要求都难以达到，自然也无法瞒过游客的火眼金睛，自然成长乏力，难以为继。

3. 不尊重市场规律，缺少缜密的市场调研，凭空臆断

以项目投资为例，有的项目投资过度，导致成本上升，回收周期拉长，项目利润率降低。有的项目投资不足，完不成预期的设计目标，产品体验不佳，后期服务也会遇到很多问题。有的地方，做好的计划随意修改，以投资规模来

定营销目标，离真实的市场需求较远，在执行过程中又不够坚决，仓促上阵，最后草草收场。

4. 基础工作不扎实，缺乏匠人精神，依赖事件炒作，后劲乏力

不少景区热衷于请明星大腕、网红助阵炒作，依赖大品牌合作、文艺表演、综艺节目、电视广告等，满足一时的热闹，不愿花功夫把产品、价格、渠道、政策流程等基础要素做好。旅游旺季来临之后，匆匆忙忙把产品推向市场，缺乏良好的运作体系，这或许一时能够利用好的活动拉动一部分游客，但产品的新鲜度或者炒作的题材效应过后，业绩就直线下滑或停滞不前。

5. 营销目标失去判断，效率低下

一些景区忙于参加各种评比、接待、应酬、检查，热衷于追逐各种头衔，比如，示范基地、重点项目、国际度假区、指定景区等，或是忙于参加没有实际价值的展览、展销、论坛、研讨、推介会等。在这些方面花的精力时间太多，就会影响正常营销工作的开展，也就没有办法实现景区的效益目标。

6. 对新事物、新技术认识不足，机制死板，僵化落后

目前，很多地方都采取了门票管理系统、客房预订系统、财务管理系统和电子商务系统，但这些系统的数据不能互联互通，软件版本落后，有的连基本的销售分析、客户管理、存货管理等功能都没有，信息化、数字化、移动化成了墙上的口号、桌子上的文件，对景区没有实质性的帮助。这样的团队往往没有长远的谋划和整体的布局，遇到突发事件、自然灾害、重大事故等，应变能力很弱，往往经不起市场的波动和变故。

7. 对市场缺乏正确的判断，旺季时内心膨胀，淡季时莫名恐慌

旺季来临的时候，有的景区依仗产品的暂时强势，不注意提升服务质量，不注重提升游客的满意度，随意涨价，对于网络上的批评和建议采取漠视的态度，不维护自己的口碑，造成用户满意度和品牌影响力的下降。到了淡季，沉不住气，为了提升销量，随意采取价格战的方式搞恶性竞争。这种不成熟的营销策略和手段对景区的品牌伤害很大，等下一个旺季来临的时候，或许就被游

客抛弃了。

出现上述各种各样的问题，根子还是在观念上。只有以人为本，尊重游客，才能用心打造好的旅游产品；只有不断学习，拥抱科技，才能高效应对各项挑战；只有长线思维，开拓创新，才能创造特色旅游体验；只有打好基础，扎实经营，才能实现旅游收入稳健增长。①

第四节　从二次元到全链经济

在近几年来掀起的几番生态旅游、文化旅游项目规划和建设潮流中，内容成为常常被提及的名词，而在科幻文旅的概念中，内容是项目的核心。除了现实中的科技、科学等内容来源，二次元文化中的内容也成为科幻文旅的重要来源之一。

从世界范围来看，二次元与科幻有着丰富的交集，二次元是科幻的重要载体，很多科幻 IP 都是在二次元世界里最先得到孵化和成长的。被迪士尼收购的漫威以众多的超级英雄占据了美国科幻大片的半壁江山。

从商业逻辑来看，二次元的商业文明，同样也是科幻文旅最为肥沃的土壤。一是二次元为科幻文旅提供了源源不断的内容资源，是科幻文旅内容软实力建设的重要源泉。二是二次元的受众群体主要是"00 后""90 后"，他们已经成为社会的主流消费群体之一。他们不仅具有强大的话语创造能力、流行文化创造能力，也具有很强的消费能力。三是二次元作为大文娱产业链中的重要一环，已经具有成熟的商业模式和产业链条，与科幻文旅对接的产业链条也不存在障碍。

2019 年 8 月，中国互联网信息中心发布第 44 次《中国互联网络发展状况统计报告》（以下简称《统计报告》）。《统计报告》显示，截至 2019 年上半

---

① 王祥龙. 明天你在哪里醒来［M］. 济南：山东文艺出版社，2021.

年，我国网民规模达到 8.54 亿人，互联网普及度达 61.2%。巨大的市场带动了我国新媒体动漫的崛起，2019 年我国动漫网站约有 402 个，其中慢慢看、极速漫画、动漫之家和腾讯动漫等网站居于头部。从产业规模来看，我国动漫内容生产实力得到了进一步提升，类型和题材日趋多元化。2019 年，我国动漫产业已达到 1941 亿元的总产值规模，同比增长 13.38%。

尽管如此，我国对动漫 IP 的开发，仍然与北美、日本等动漫强国有着显著的差距。近几年代表国漫崛起的《西游记之大圣归来》《大鱼海棠》《白蛇：缘起》《哪吒：魔童降世》尽管创造了较高的票房，但其 IP 仅体现为动画电影，在衍生品开发上几乎毫无作为。而在日本、北美的产业链中，衍生品玩具及品牌授权的收入占据了动漫 IP 收入的大头。主题公园作为动漫 IP 最后需要攻克的高地，涉足者更是寥寥无几。

国内唯一采取全产业链发展模式的是华强方特，他们出品的 6 部《熊出没》系列电影均挤进了国产动漫电影票房前十名，总票房近 27 亿元，借助于大银幕，华强方特将"熊出没"这个 IP 打造成为一个超级 IP，也让华强方特成为国内独有的既覆盖影视动漫、文化衍生品产业，又包括主题公园"创、研、产、销一体化"的全产业链文化闭环企业。

与华侨城采取"旅游+地产"的发展模式不同，华强方特采取的是"文化+科技"的发展模式，是典型的科幻文旅企业。华强方特的定位是：一家以文化内容产品及服务和文化科技主题公园为主营业务的大型文化企业。因此，他们形成了以创意设计为龙头，以特种电影、动漫产品、主题演艺、影视出品、文化衍生品、文化科技主题公园为主要内容和支撑的全产业链业务体系。

作为一家文化公司，华强方特拥有大批自动控制、系统集成、智能机器人、VR/AR 等领域核心技术的储备，采用现代计算机、自动控制、数字模拟与仿真、数字影视、声光电等高科技手段来实现游乐体验。仅在 2018 年，他们就申请国内外各项专利、商标及著作权等自有知识产权 390 余项。此外，华强方特还将中国首个自主品牌的主题乐园成套输出国外，开创了中国文化科技主题公园"走出去"的先河。

从华强方特的发展路径来看，他们走出了一条以快速开园、迭代复制，下沉二三级市场为核心的发展之路。截至目前，华强方特已经在全国拥有五大主题乐园品牌，28个大型主题项目区，300多个主题游乐、休闲及景观项目。

再来看看迪士尼。从发展模式上看，迪士尼的全产业链是一种更加成熟的路径，为国内主题乐园的发展提供了良好的示范。

第一，迪士尼具有强大的IP开发能力和庞大完善的产业链。

除了华强方特所具有的业务链之外，迪士尼还有自己的电视台和发行网络，掌握了院线、电视、网络等诸多的线上线下传播资源。

迪士尼平均每年可以创作出3~4个不同IP的大电影，这些IP一经推出，就是全产业链成体系打造，上下游相互借力，发挥出了每个IP最大的潜力和价值。例如，迪士尼在电影放映之前，就利用电影中的角色开发出真人体验性游戏，投放到迪士尼乐园，既增加了游客对于乐园游乐项目的新鲜感，又对电影进行了极好的宣传。反观国内的头部品牌"熊出没"，已经推出近十年的时间，存在观众流失、品牌老化的风险。新推的品牌没有什么起色，IP开发能力有待加强。

第二，迪士尼主要布局一二线城市，占据了消费能力最为强大的市场，不仅客单价高，而且品牌的成长空间更大。

华强方特更多的是进入二线以下城市，甚至还有五线城市。这种策略固然有利于低成本完成项目建设，提升市场占有率，但主题公园的客单价难以提升，部分项目处于亏损状态。同时，市场的局限性限制了华强方特品牌的成长空间。

第三，迪士尼很早就采取了IP全年龄段发展的策略。

迪士尼乐园已经成为一个不分年龄、不分性别，覆盖所有人群的主题公园，而华强方特的IP才刚刚开始转向全年龄段，还有很长的路要走。

第四，迪士尼作为上市公司，凭借强大的融资能力，到处跑马圈地，不断收购已经被市场检验过的成熟 IP 品牌，进一步增强了其竞争优势。

全产业链的发展模式，要求文旅企业必须具备相当全面的业务布局，这意味着较高的进入门槛，是天然的护城河。但是，国内文旅企业却很少采取这种模式，原因就在于这种模式需要长期的积累，经营风险较大。

可行的办法是由政府出手，规划产业聚集区，如科幻文旅产业园区，将产业链上下游的企业集中起来，形成园区内的产业循环，这样既分散了投资风险，又有利于形成合力，推动产业经济的发展。

第五节　未来城市畅想

2017 年，沙特宣布斥资数千万亿美元打造一座充满未来科技的城市，名叫"NEOM"。规划中的 NEOM 将独立于现有政府的框架，拥有自己的税收和相关自治性法律，打造成为一个旅游胜地般的智能城市，就像我们在很多科幻大片中看到的那样：自动驾驶往来穿梭的飞行汽车、悬浮于空中的环形真空快速交通系统、高耸入云造型各异的摩天大楼、巨幅的全息投影广告等。

由于采用了 3D 打印建筑的修建方式，这座城市可以完全按照建筑设计师的想法来完成。根据公开的规划及设计图，很多建筑并没有实际的功能，只是表达某种理念，是完全的建筑艺术。计算机辅助设计及 3D 打印技术的应用，对于建筑设计师来说，既是一种想象力的解放，也是建筑艺术的一次进化，将自由的精神与设计师的才华真正融合在一起。

NEOM 的所有能源均来自可再生能源。采用更高效的太阳能和风能发电技术、高效储能技术，城市的电能可以做到自给自足。机器人将在城市里大量出现，提供环卫、快递、安保、陪护、远程教育、远程医疗等各种智能服务。

和著名的网红城市迪拜一样，沙特建设 NEOM 这样的城市，主要的目的是进行产业创新，试图以旅游业为依托，发展面向未来的经济。

科技树在哪里点亮存在很大的不确定性，未来城市应该是什么样的，无法做出准确的预言。一种可行的策略是，从可能对未来城市布局产生影响的因素入手分析城市发展的趋势，并由此预判科幻文旅产业的发展。

近年来，随着城市人口的不断增长，城市也暴露出一些问题：交通拥堵、环境污染、医疗资源短缺等。

技术的发展，会不会解决城市病？又将推动城市走向什么样的方向？

首先，随着通信技术的发展，住在哪里这件事将会变得有些不确定。由此也将引发城市功能的重新定义和调整，并深刻地影响人们的日常生活和工作。

对于绝大部分上班族来说，城市主要提供了住宿和工作两大刚性功能。但移动办公时代的到来，将极大削弱城市的这两项功能。在 5G 通信乃至星链技术的加持下，人与人之间，物与物之间，将实现实时的无缝高速网络连接，不必见面，也能够完成绝大部分需要见面才能完成的工作，城市的办公功能将大大削弱，无处不在的办公将打破生活和工作的界限。随着各种自动化工具和软件的使用，人类工作所承担的重复性劳动也将大幅下降，甚至有朝一日，人类的创意性劳动也将被人工智能所代替，一张办公桌或者一间办公室并非工作的必需，居家办公将解决绝大部分工作中会遇到的问题。

其次，发达的交通系统，将人变成了一个可快速移动的跨空间物种。人类将从拥堵的交通中解放出来，把时间用于更富价值的工作或者尽情地享受生活。

2013 年，马斯克提出了超级高铁的计划，他认为超级高铁可以以 1200 公里的时速远距离运送乘客。美国创业公司 Hyperloop One 作为这项计划的追随者，于 2017 年 5 月 12 日首次在真空环境中对其超级高铁技术进行了全面测试，实现了 113 公里的时速，两个月后，测试时速达到了 310 公里。

国内在超级高铁技术方面的研发也并不落后。2015 年底，西南交大第二代高速环线建成，实现了真空管道下82.5公里的时速。2017年8月29日，中国航天科工公司在武汉宣布，已启动时速1000公里的"高速飞行列车"研发项目，后续还将研制最大运行时速2000公里和4000公里的超级列车。

超级高铁技术最大的困难是其高昂的初期成本，但如果在可预期的未来，这件事能够成为带来利润的一个行业，资金问题反而并不是那么重要了。

就在各创业公司、研究所、高校紧锣密鼓地进行技术研发的同时，国内传来一条好消息。2020年6月21日，在上海同济大学的嘉定校区，中车四方研制的高速磁浮样车完成了首次试跑，这是一列时速高达600公里的磁浮列车。以北京至上海为例，加上旅途的准备时间，乘飞机需要约4.5小时，乘坐高铁需要约5.5小时，而如果乘坐高速磁浮列车，仅需约3.5小时。

除了高速铁路及磁悬浮铁路带给人类的交通便利，无处不在的自动驾驶汽车以及可能的"飞行汽车"将为短途旅行带来革命性的变化。作为城市家庭出行的重要工具，汽车的保有量以及生产量一直是造成城市交通拥堵的主要因素。事实上，汽车交通的效率并不高，大部分时间汽车都在停车场沉睡，有效用于交通的时间很短。在自动驾驶及物联网普及之后，汽车将变成一种公众产品，有出行需求的人群，将能够通过网络及时预订出行所需的车辆，个人将不再追求将汽车作为一种家庭资产进行购置，而且出行全程无须人工干预。

人类空间位移能力的提升，将会产生明显的反城市化潮流，城市之间的乡村、原野、山川、江河湖海等，将出现大量的人工建筑，成为城市迁出人群的置业新选择。

再次，在线经济的发展，将深刻地改变很多行业，从而导致城市功能的相对弱化。

网络时代给了落后地区的学生一个机会。网红教师李永乐在几年前被自己的学生将其授课视频发布上网后，开始录制科普短视频，免费给网友观看。在很短的时间内，"李永乐老师"的账号就吸引了千万个粉丝。李永乐毕业于清华大学，任教于人民大学附中，是名副其实的学霸、名校名师，其科普视频切合时事热点、深入浅出、图文并茂、信息量密集、讲解生动有趣。

李永乐老师在谈到拍摄科普视频的初衷时说，他希望那些偏远地区的孩子也可以通过网络观看他的短视频，获取更多的知识。只需要付出一点上网的费用，知识和数字的鸿沟就在一定程度上被填平了。

像李永乐这样的名师资源，无疑是非常稀缺的，在某一中学，他或许可以教出很多一出校门就进入国外名校的孩子，但在网络上，他可以为更多的经济落后地区的孩子，打开一扇大门，开启一个世界。

新一代少年儿童在网络与现实融为一体的环境下长大，对于网络具有天然的适应能力，学习、生活、工作的方方面面都与网络密不可分。在这样的时代，城市作为各种资源的聚集地，对于人群的吸引力将大幅下降。一个"去城市化"的潮流将随着云计算、大数据、智慧城市、物联网的推进而兴起，基于现实物理世界的城市功能分隔将让位于基于数据和应用的虚拟世界的城市功能分隔。

在医疗领域，利用智能穿戴设备，人体的各项生命体征将会实时上传并存储进每个人的数字频道，并通过定制的健康管理系统，实现全面的健康管理：合理的饮食搭配建议、身材管理、情绪管理（聊天机器人、娱乐机器人）、微创手术、急救机器人等。

在 2020 年新冠疫情期间，四川大学华西医院利用 5G 技术，实施了全国首例 CT 扫描诊断，远在成都的专家可以通过操作系统，设置 CT 扫描参数，远程操作设备为病人进行 CT 扫描。病人与专家相隔百里之遥，却和在身边并无差别。

中医讲究"治未病"，强调通过预防来保持身体的健康。随着通信技术、可穿戴设备、在线医疗的融合，逐个地消除人体内部的不可预测因素，或许可以真正实现"治未病"。中心城市的名医资源、医疗设备资源，将在线共享，远程施治。同时，随着人工智能、大数据与生物技术、基因技术、纳米技术等的融合，极有可能创造出比任何专家都准确，看病效率都高的"超级医生"，中心城市的医疗资源也将不再是一种稀缺资源。

在这样的未来，城市对人口的吸引力将大幅下降，对于绝大部分城市的居民而言，它只是临时居住地之一。当然，人类是群居性物种，尽管城市的很多功能会弱化、转移，甚至消失，但城市作为社交中心的功能可能会长期延续下来，并会得到强化。文化、娱乐等服务型功能或许会成为城市发展的主要推动力。

在科幻小说描述的未来城市中，城市的功能高度单一化，充分体现了城市功能在技术的驱动下以追求效率为第一考虑因素。在这种情况下，城市通常以功能命名，例如，工业城、遗迹城、科学城、资源城、人类聚居城等。前四类城市，大多由机器人干活，人类非常少，而人类聚居的城市已经无法根据地域和文化来对人口进行区分了，居住区域高度数字标签化，例如，A 城 B 街区 C 小区 10000 号楼 40 单元 10 层 1010 室等。

实际上，随着居住地的共享化，未来的人类很可能将"居无定所"，例如，上午在北京街区的某个房间，下午在洛杉矶的海边看风景，晚上在某个城市郊区的休闲度假酒店泡温泉。

【案例】 超越想象的未来生活

2050 年的某天早上 6 点，正在惠山度假区的大卫被自己的服务机器人叫醒，看着这个特别定制的名为英子的机器人。英子的手臂，轻柔地触向了大卫的头部，随意地移动着，像是在抚摸，又像是在表达亲昵的情绪。大卫对英子备感满意，他要求英子随意点播音乐。作为一个电子音乐爱好者，大卫是人工智能流的重度发烧友，在他的眼里，一切人类创作的音乐，都没有人工智能的创作更适合他。英子这些天来例行的第一件事，便是采集他的脑电波，然后分析他的情绪状态，再结合他个人数字频道的大数据，自动生成数字音乐特征库，在大卫要求播放的时候，利用系统智能随机生成一首电子音乐。大卫认为，这些音乐，虽然无法直接评估它的艺术性，但在功能性上，却超越了所有。音乐不仅具有安抚情绪的功能，还能够帮助主人达到最理想的精神状态——通常是一种适度的紧张和秩序感，迎接一天的工作。

"最近你的血红蛋白指标不太好，今天的早餐增加了菠菜汁饮料和小米粥！早餐将在 5 分钟后准备好！"英子还是一个移动的化学试验室，通过唾液、血液等样本，10 多分钟内就可以完成堪比十年前的三甲医院五六项以上的常规检查，然后根据检查结果安排大卫的食谱。英子对于大卫的健康照顾无微不至，甚至在必要的时候，还能连线"智能医生"，实施紧急外科手术。

7 点整，大卫伸了伸懒腰，打开自己的频道，并把它投影出来，把当天的工作信息和视频信息浏览了一遍，发现没有什么需要特别给予长时间处理的工作，回复了几条必要的信息之后，就下线了。他今天最重要的安排，是看马斯克的第十批火星旅行者乘坐 Starship 星际飞船升空去火星，准确地说，不是"看"，而是通过这座星空客栈的特殊装备同步体验火箭发射后从超重到失重的过程，同时，也可同步通过星际飞船从太空欣赏地球的景色，并感受设备视野中地球越变越小的过程。在大卫眼里，100 多天的太空飞行没有什么可感受的，而有的人则迷恋那种一望无际的黑暗。等星际飞船抵达火星轨道之后，可以再度连线飞船上的通信系统，从太空观看越来越接近火星的过程。星际飞船将在火星轨道绕行 20 个地球日后返回地球。

"英子，把天窗打开吧！"

只见这个呈六边形结构的屋子，屋顶的纳米玻璃移动起来，阳光透射进来，屋子里迅速变亮，仿佛这座屋子的屋顶从来不曾存在过。

大卫接过英子递来的一杯咖啡，向东边的玻璃窗走去。那面玻璃墙感应到了来人，从不透明逐渐变得透明，外面的草地和森林气息布满了视野。大卫在玻璃幕墙前站定，玻璃幕墙连带地板从屋子东侧向外伸出，像一只抽屉被拉开般，构成一个前出的阳台。两把椅子从两侧的护栏处展开，阳台的顶部也展开了一把圆形的遮阳伞。

这是一片山水度假区，像这样的钢结构屋子，有十几套。它们并不直接建在地上，而是由数条钢质的支撑结构撑起，起居空间在地面 10 米以上。大一点的能住多人的屋子，有数十米高。这些屋子分别通过玻璃栈道与公众服务空间相连接，公众服务空间包括无人超市、文创空间、小型数字影剧院、VR 舞厅、餐吧等各种自助功能区。

SpaceX 数年前就发布了要发射火星飞船的计划，前往火星的门票为 1 亿美金，早已预售完毕，但公众对于前往火星轨道旅行的热情，实在是难以抵挡。SpaceX 开发了一套仿真系统，通过 VR 技术同步前往火星的旅行。星空客栈是 SpaceX 的太空旅游体验供应商之一，可以通过一段 S 形快速滑道模拟超重、失重等太空飞行条件，而 VR 内景则完全同步 SpaceX 的星际飞船真实场景。

此时，全球天地一体通信网络及高速通信网络已经普及，个人上网服务不存在流量、带宽的门槛，每个人都有一个独立的数字频道，相当于个人定制化的 APP、ERP 等，集成了各种金融、媒体、社交、工作、娱乐等通信场景，可以 24 小时无缝在线，办公场地不再重要，云服务商把一切可能遇到的办公状态都考虑到了。实际上，由于大量的自动化和智能化应用的出现、机器人的普及，人做的工作越来越少，更多的时候，人存在的意义和价值，是设定目标、做出选择、发布命令等，各种繁杂的事务都交给智能软件和机器人去处理了。

人们有了大量的时间，可以用于休闲，娱乐行业成为一个巨大的产业，以前广受家长诟病的电子游戏、手机游戏，已经成为随时可用、随地可玩的一项基础性娱乐。

科技的发展，将会带来怎样的改变，难以预料，但确定的趋势是，无论是哪个领域的科技，都会成为未来世界的基础建设，一步步塑造出我们未来生活和工作的场景。

作为城市品牌管理者、文旅从业者，我们不必为市场需求的变化、游客喜好的变化感到焦虑，将城市品牌、文旅产业融入到时代的大潮中去，游客的变化会告诉我们该如何做出创新和改变。科幻文旅的未来，与时代的发展同步，与游客的需求同步，与城乡田野功能的变迁同步，与广阔的城市间近郊山河湖海经济同步，成为人们生活中不可或缺的主导性产业。①

① 王祥龙. 明天你在哪里醒来［M］. 济南：山东文艺出版社，2021.

第七章

城市品牌战略规划

城市竞争力，是城市在发展过程中与其他城市相比较所具有的创造财富和价值收益的能力，而城市品牌则是使城市核心竞争力进一步强化并且得以彰扬的工具。一个好的城市品牌必然凝结着城市市民的认同感、归属感、荣誉感和自豪感，并且能为城市的利益相关者提供更多的价值回报。[1]

在城市的发展过程中，对该城市进行城市品牌定位至关重要。提起英国的牛津、德国的汉诺威和美国的拉斯维加斯，人们都能对其形成一个大致相似的印象，这与他们准确的城市定位不无关系。牛津的定位是"欧洲文化之都"和"世界一流大学城"，汉诺威是"世界博览会城"，拉斯维加斯则是"全球最大的赌城"。[2]

第一节　城市品牌，遵循原则

城市品牌定位须遵循以下几个原则：

第一，思想上正确地认识城市品牌，才能准确定位城市品牌。

---

[1]　陈永国. 河北省建设沿海经济隆起带的理论思考［J］. 商业研究，2009（2）：120-122.
[2]　范红. 城市形象定位与传播［J］. 对外传播，2008（12）：56-58.

城市品牌的定位不是设定一个遥不可及的目标，或是为了夸大城市实力而做的广告宣传。因此，必须清晰认知该城市目前的准确地位，明晰城市现今的发展阶段。有了科学的发展观和清晰的全局观，才能真正抓住城市发展的机遇。

第二，科学把握城市品牌定位的基本原则。

（1）准确性原则。由于发展阶段、经济水平、区位条件、历史角色、文化底蕴、人文风情、产业优势、发展前景等具体需求存在多方面差异，定位城市形象应当视具体情况而定，城市所确定的形象必须符合真实的城市情况。[①]

（2）导向性原则。一座城市的城市品牌定位要符合它的城市定位。当地的资源禀赋、历史文化、民俗信仰、经济发展等因素使得城市有一定的发展和建设方向，只有使城市品牌定位具有相应的导向性，与城市定位相统一，才会更加有利于城市的发展与建设。富有导向性的城市品牌形象，应对广大市民具有激励性，对城市发展具有推动作用。所以，导向性是城市形象定位不可缺少的原则之一，有组织地进行城市形象定位必须考虑形象的导向性问题。

（3）统一性原则。城市品牌是城市整体化的精神与风貌，是城市全方位、全局性的品牌形象。

（4）"合法性"原则。一座城市形象定位是否能够得到认可和具有持续的竞争力，取决于该形象定位的权威性，即取决于利益相关者，尤其是民众对于该形象定位在一定程度上的认可和接受。[②]

（5）真实性原则。城市在进行城市品牌定位时，一定要根据当地真实拥有并且特有的文化元素来进行，若违背了真实性的原则，则不利于城市的发展。

（6）独特性原则。城市品牌定位一定要具有独特性，城市特有的、个性

---

① 陈柳钦. 城市形象的内涵、定位及其有效传播［J］. 湖南城市学院学报，2011，32（1）：62-66.
② 陈柳钦. 城市形象该如何定位［N］. 中国城市报，2017-03-13（31）.

鲜明的、不可被复制和替代的城市品牌，才能在目标受众群体的心智中留下固定定位，才算得上是成功的城市品牌定位。

（7）认同性原则。城市品牌定位不仅要找到当地独有的地域文化元素，而且这些地域文化元素一定要广为人知，只有这样，才会使目标受众群体产生共鸣，得到社会的认同。

第三，城市品牌定位必须要抓住城市的特色。

从目前已形成的特色城市的个性和共性来看，特色城市大致可以分为以下五种类型：一是政治型城市，如华盛顿、伦敦等。二是经济型城市，如纽约、上海、香港等。三是文化型城市，传统意义上，文化型城市一般理解为以艺术、科学、教育、文物古迹等文化机制为主要职能的城市。以大学、图书馆及文化机构为中心的艺术教育型城市，如英国的牛津、剑桥等；以古代文明遗迹为标志的城市，如中国的西安、洛阳等，日本的奈良、京都，希腊的雅典和意大利的罗马等。四是宗教型城市，如以寺院、神社为中心的宗教型城市：日本的宇治山田、以色列的耶路撒冷、阿拉伯的麦加等。五是旅游型城市，如桂林、苏州等。①

第四，在城市形象定位过程中，应坚持以人为本的理念。全体市民才是城市的真正主人，城市定位应本着利民、便民的原则进行，使城市定位更加有利于创造出适合市民生存发展的空间环境和人文环境。市民是城市形象的最直接评判者，所以城市形象必须以人为本，实现人的长远利益和发展。城市管理者应积极培养市民的主人翁意识，提高市民的综合素质，实现人的全面发展，使城市形象在定位时就有强烈的现代人文精神。

---

① 刘士林，何睿敏. 人文城市的理论逻辑与现实发展［J］. 江西社会科学，2021，41（10）：236-245+256.

第二节　城市品牌，立足优势

一、资源优势

自然资源是上天给予的馈赠，是无法复制的，因此，城市品牌的定位要充分利用自身得天独厚的资源。

例如，九寨沟因有 9 个藏族村寨而远近闻名。九寨沟海拔在 2000 米以上，到处是原始森林，沟内分布着 108 个湖泊，有"童话世界"之誉。1982 年，九寨沟成为国家首批重点风景名胜区，并被列为国家自然保护区。1992 年，被联合国教科文组织纳入《世界自然遗产名录》。1997 年，又被纳入"人与生物圈"保护网络。2001 年，摘取"绿色环球 21"桂冠，成为世界上唯一获得三项国际桂冠的旅游风景区。2007 年 5 月 8 日，阿坝藏族羌族自治州九寨沟旅游景区经国家旅游局正式批准为国家 5A 级旅游景区。2018 年，入选西班牙国家报"世界上最壮观的国家公园"。2019 年 10 月 18 日，入选"中国森林氧吧"榜单。2020 年 6 月，位列"2019 年度 5A 级景区品牌 100 强榜单"第 9。

四川省政府在国家政策扶持的基础上，以九寨沟独特的自然风貌为核心，以优美的风景、美丽的传说、淳朴的民风、古老的民族节日等作为卖点，将九寨沟定位成"美丽的童话世界"，发展了九寨沟的旅游业，吸引了一批又一批的游客前来游玩。

二、历史遗产优势

城市历史遗产，是指能够体现一座城市的过去，能够体现它的历史、地理、科学、艺术价值的具有传统和地方特色的历史街区、历史环境和历史建筑物等。

简·雅各布斯在《美国大城市的死与生》中提出，老建筑对于城市是如此不可或缺，如果没有它们，街道和地区的发展就会失去活力，老建筑对街道和街区的安全和公共生活是一种必需，人们离不开他们提供的方便和亲近的人际关系。①

应从历史城市价值特色角度来认识城市品牌：城市品牌应该被认为是城市资源竞争时代城市营销的重要手段，但更应该是在当今城市快速发展、城市之间关系快速变迁时代，面临变化着的城市内部与外部环境对城市核心价值与特色的关注，是对不变的、长久积淀的、稳定的价值与特色的凝练。从本质上讲，城市品牌不是被赋予的，而是被发掘的。

城市品牌并不排斥城市文化遗产的多元属性。城市文化遗产与自然环境条件及产业资源优势一样，都具有相当的稳定性。正是这种稳定性在支撑城市品牌的认同度，并且会与城市品牌建设形成良性互动。同时，差异性是城市品牌的重要属性。城市文化遗产具有更为突出的差异性，文化遗产基于悠久的历史积淀，不同城市的文化遗产及其承载的历史与价值具有更显著的不同，这种不同往往要大于自然环境、产业资源的差异。

文化遗产保护利用活化与城市品牌相结合应遵循如下原则：坚持价值特色贯穿文化遗产保护与利用的全过程，强化城市品牌的核心差异；整体串联与城市品牌相关的城市文化遗产，发挥对城市文化、经济、城市品质提升多方面的综合影响；将文化遗产及其衍生的文化产业园区、文化消费街区作为城市品牌塑造的核心阵地，融入城市品牌战略；坚持物质与非物质相结合的原则，以文化活动充实文化遗产的物质空间载体，扩大城市品牌的影响力。

例如，西安，在《史记》中被誉为"金城千里，天府之国"，是中华民族的发祥地，由周文王营建，建于公元前12世纪，先后有21个王朝和政权建都于此，是13朝古都，中国历史上的四个伟大王朝周、秦、汉、唐均建都于此。西安处于关中平原中部，是联合国教科文组织于1981年确定的"世界历史名

① 王蕴锦.城市化进程下的历史文化遗产保护策略分析［J］.科技致富向导，2014（3）：2.

城",丝绸之路的起点,历史上先后有十多个王朝在此建都。西安也是闻名中外的最佳旅游目的地、中国国际形象最佳城市之一,有两项六处遗产被列入《世界遗产名录》。西安美食众多,有羊肉泡馍、葫芦鸡、腊汁肉夹馍等。但西安最多的还是古城墙、兵马俑、大雁塔、小雁塔、华清池和阿房宫遗址等。深厚的历史文化积淀,以及浩瀚的文物古迹遗址遗存,使西安享有"天然历史博物馆"的美称,成就了"文明古都"之美。

三、支柱产业优势

支柱产业是指在国民经济中生产发展速度较快,对整个经济起引导和推动作用的先导性产业。支柱产业具有较强的连锁效应,不仅可以诱导新产业崛起,还可以对为其提供生产资料的各部门、所处地区的经济结构和发展变化,有深刻而广泛的影响。[①]

一座城市往往都有着一个或大或小的产业集中地,如果某种产业稳定地占据着该城市较大的市场份额,并且无论是对内还是对外都有较强的辐射,那么这个产业就是这个城市的支柱产业,且该产业会较大程度地影响城市的发展。

如果这个产业足够稳定,那么可以成为这个城市品牌定位的因素,例如东莞,因坐拥珠三角便捷的交通,成为发达国家乐于委托加工的对象。东莞每年制造生产全世界 1/10 的鞋子,有世界鞋都之称。

以青岛为例,作为中国最早开启工业化的城市之一,青岛抓住了第一波工业化的重大机遇,曾经创造过"上青天"的辉煌,培育出了海尔、海信、青啤、双星、澳柯玛"五朵金花",工业成为青岛经济的"脊梁",撑起了整个城市的发展与跃迁。海尔是中国著名的电器品牌和中国驰名商标,海尔的成功给青岛的城市品牌定位贡献了很大的力量。中国的啤酒业虽然具有地域性,然而青岛啤酒却是难得的家喻户晓的全国性品牌。在此基础上,青岛每年还举办

---

① 张丽英,关伟. 辽宁省建筑业与经济增长关系的实证分析 [J]. 云南地理环境研究,2011,23(5):60-65.

了啤酒节，建立了青岛啤酒博物馆。

与青岛相似的例子就是德国的慕尼黑，慕尼黑被称作"汽车城"和"啤酒国"，因世界名车宝马和享誉世界的慕尼黑啤酒都产自此处，宝马成为了慕尼黑的城市品牌，慕尼黑啤酒更是体现了日耳曼民族的啤酒文化。

四、独特的文化态度与价值观

俗话说，一方水土养一方人。不同地域的人由于环境不同、生存方式不同、地理气候不同、人文历史不同，而造成思想观念、生活习惯等各方面的差异。

"快不过深圳，慢不过成都"，坐拥富饶的川西平原，浸润着数千年文化积淀，成都人习惯了散漫闲适生活是有道理的。

成都有数不清的美景：青城山、都江堰、杜甫草堂、薛涛井、锦里、宽窄巷子。成都有数不尽的美食：成都火锅、夫妻肺片、钟水饺、龙抄手、腊排骨，走在大街小巷，空气中都弥漫着诱人的香味。

茶馆文化是成都人生活的一大特色，无数茶馆、茶楼、茶舍遍布城市的各个角落。无论春夏秋冬，还是严寒酷暑，茶馆总是对人们有着太多的吸引力，承载着太多的故事。

有人说成都人"懒"，其实"安逸"这个词更贴切，这也概括了成都人的休闲传统，凡是感到舒服、感到美好、感到愉悦的时候，就会说安逸。这表现了成都人一个强烈的意识，追求安逸、希望安逸、拥抱安逸。这是一种生活境界、一种生活形态、一种生活追求。

乐观情绪、平和心态的确是成都人文化性格中难能可贵的东西，所以说成都是"一座来了就不想离开的城市"。

归根结底，城市品牌定位的核心思想是以人为本，为的是能更好地满足人的物质文化和精神文化需求，城市品牌定位在很大程度上是靠人来体现的，人既是城市品牌再生的主体，也是评价的客体。

五、重视传播

品牌传播和旅游发展成为城市品牌发展当中最强劲的驱动力量。2016~2020年，城市品牌传播指数年均增长超过21%，这和移动互联网的普及和新媒体、自媒体的应用有很大关系，品牌传播对城市品牌建设的引领作用是巨大的。

不可否认，城市营销与品牌化是打造城市综合性影响力、提升城市可持续竞争力的有效战略工具，也是城市治理体系和治理能力现代化的重要领域。

第三节　准确定位，战略先行

随着城市营销环境的巨大变化，在过度拥挤的市场中，城市面临着新的竞争，传统管理和运营方式令城市越来越"迷茫"，已知市场空间的竞争越来越激烈，城市该如何调整自身的发展战略？如何开启自身新一轮增长呢？

卡尔·冯·克劳塞维茨曾说："如果无法获得绝对的优势，你必须灵活运用你现有的力量，在决定性的地点创造相对优势。"在数字经济时代，城市的内外部环境都发生了重大变化，促发产业融合的同时也加快了城市营销的数字化，内容、技术、数据的功能已经发生了颠覆性变化，数据成为城市至关重要的创新要素。科技的进步使消费者与城市之间的连接方式变得不同。

在这个急剧变化的时代，商场如战场，商场上每个人都迫切希望找到压倒竞争对手并获得长期利润的方法，那么此时就需要有自己的战略，城市也概莫能外。战略是组织一个企业、一座城市开展活动、实现目标的规划和行动方式。城市战略的关键点在于创造新市场、新产品及新产业，与其说城市战略是争取现有行业的市场份额，不如说是争取未来的产业。

战略是一种从全局考虑、谋划实现全局目标的规划，而战术只是实现战略的手段之一。实现战略目标，往往要牺牲局部利益。战略是一种长远的规划，规划战略、制定战略、实现战略目标需要全局考虑，需要一定的时间来完成。

城市营销战略，则是指城市根据其现有或潜在的目标市场的需求及竞争现实，甄别、发掘和创造城市的价值与利益，通过设计、生产和提供比竞争城市更能满足城市顾客特定需求的城市产品或服务，来提升城市竞争力，促进城市发展的一系列研究、计划、执行和组织控制的过程。

城市战略营销位于两个重要现象的端口：一是管理的专业化；二是领导者及城市营销者对于未来发展前景的本能设想。

21 世纪，管理的重要性更加凸显。城市要发展，不仅需要新一代的专业人才，与亚当·斯密所说的"看不见的手"相比，更需要"看得见的管理之手"。

在管理活动初期，我们就清楚地知道，规划是城市管理者的核心活动之一。早在 20 世纪，法国思想家亨利·法约尔就曾提出这一观点。法约尔将其简单地概括为：管理就是预测、规划、组织、指挥、协调及控制。其中，预测与规划属于战略管理的范畴。战略是指导管理者的重要因素之一，即使在企业处于衰退、混乱时期，战略也在管理中起着核心作用。当我们处于竞争激烈的丛林之中，战略可以帮助我们寻找出路。

第四节　品牌战略，占据高点

通用电气前董事长兼首席执行官杰克·韦尔奇，被誉为"最受尊敬的 CEO""全球第一 CEO""美国当代最成功最伟大的企业家"。20 年间，他将通用电气打造成一个充满朝气、富有生机的企业巨头。在他的领导下，通用电气的市值由他上任时的 130 亿美元上升到了 4800 亿美元，也从全美上市公司盈利能力排名第十发展成位列全球第一的世界级大公司。直到 2001 年 9 月退休，韦尔奇毕生只效忠于通用电气一家公司。

韦尔奇在担任 CEO 期间，领导通用电气实现了一个又一个战略上的突破和发展，推动公司业务实现了长达 20 多年的高速成长，他的战略思维无疑会给我们提供很多有益的经验。

韦尔奇以他在通用的战略实践和切身体会告诉我们，制定公司战略对企业并不是一件高不可攀的事。韦尔奇谈到，当他听完那些"战略大师"关于竞争优势、核心竞争力、虚拟商务、供应链、分解创新等战略理论之后，他的感受是："这些专家谈论战略的方式令我深感失望。在他们那里，战略仿佛是高深莫测的战略方法。"

对于那些图标、数据和理论模型等所谓的战略方法，韦尔奇认为："那不是制定战略，而是在受罪。"因为"陷入数据和细节越深，你在真正做事的时候就越有可能困住自己的手脚"。

那么，什么才是韦尔奇所认同的战略呢？他从与世界各地成千上万的商业人士的交谈中发现，"我所认识的绝大多数经理人都像我一样看待它——简单说，那就是一个行动纲领，需要根据市场波动的情况经常进行审视和修订。那只是一个重复的操作过程，并不像你原来相信的那样高深难懂或者生死攸关"。

韦尔奇认为制定战略"没有什么繁复的理论模型"，战略其实就这么简单："战略不过是制定基本的规划，确立大致的方向，把合适的人放到合适的位置上，然后以不屈不挠的态度改进和执行而已。"正是这种化繁为简的战略运作手法，才得以使通用电气的每一步重大战略都能有效执行并取得成功，韦尔奇自己总结道："简洁或许就是成功的原因之一。"

那么，战略是什么呢？战略＝方向×执行力。需要特别强调的是：执行力也是战略的一部分，好的战略依赖于好的执行力。战略不是虚无缥缈的东西，战略一定要结合执行力、团队能力、自身位置、确切打法等。这些都想清楚之后，开启一场战役，才能胜券在握。

许多企业老板和城市管理者总认为靠执行力就能取胜。可往往在组织中，员工努力、高层优秀，公司却做不起来，城市也发展不起来。问题就出在战略上，或者说，把握好"战略制高点"是企业成功的关键。

战略适用于公司，更适用于城市。有公司的地方需要战略，有城市的地方更需要战略。许多人认为有关战略的建议主要适用于大公司或大城市，这种理解是错误的，人们往往把战略理解得过于复杂了。杰克·韦尔奇在《赢的答案》中提出，无论是小公司还是大公司，都可以通过回答以下五个关键问题来明确他们的战略：

- 我们与竞争对手一决高下的赛场在什么地方？
- 我们的竞争对手最近在做什么？
- 我们最近做了什么？
- 你最担心将来发生什么事情或变化？
- 基于以上情况，我们该采取什么对策？

很显然，这一短暂的、没有任何高深理论的过程不需要任何理论书籍或咨询师来指导。它只需要一个能够把握最新信息、胸怀远大、敢于提出不同意见、积极敬业的团队就可以做到，最终，他们可以酝酿出一个高效的竞争方案——战略。

第五节　文化品牌，相映成趣

当今世界正在经历深刻的变化，国际体系和国际秩序深度调整，现行国际体系的主导国自身也在调整对国际体系的部署，主导力量内部各成员之间的关系正在经历深刻变化，这使得中国有机会作为重要成员在未来的世界格局规划中获得更多的新的战略机遇，在更大程度上参与全球治理规则体系的制定。

当今世界正处在一种大动荡、大变革、大调整时期，世界多极化、经济全球化深入发展，科学技术日新月异，各种思想文化交流、交锋、交融更加频繁，文化在综合国力竞争中的地位和作用更加凸显，维护国家文化安全任务更加艰巨。"百年未有之大变局"为中华民族伟大复兴提供了战略机遇，增强国家文化软实力越来越急切、紧迫。

对一座城市而言，城市个性化品牌是城市重要的软实力。城市的个性和特色是历史、文化、自然、建筑、产业、产品、管理和服务等一系列个性特色构成的综合体，但贯穿其中的主线和灵魂是城市品牌文化。在"千城一面"的城市风格"同质化"时代，开发和运用城市文化资源成为城市差异化竞争的利器。①

现在，越来越多的城市开始重视自身历史文化资源对于城市品牌乃至整个城市发展战略的独特价值。城市品牌基于多样化的城市产品，其本身也呈现出多元和多层次的发展态势。因此，有必要对城市品牌的关系进行梳理和优化。

当然，正如企业品牌的关系建构可以选择多种多样的方式。城市管理者也应基于城市自身的实际，本着力求品牌优势凸显和品牌资产放大的目标，来选择恰当的品牌整合和品牌关系策略。

第六节　品牌产业，联动互补

城市品牌与城市产业之间是相辅相成的关系。

一方面，要加大城市品牌与城市产业的关联度，使城市品牌根植于产业优势。比如，汽车与汽配业已成为芜湖发展速度最快、对经济拉动最大的支柱产业。芜湖市城市品牌与汽车产业的相得益彰，可谓城市品牌与产业联动的典范。

另一方面，在产业发展中，重视并利用产业的外部效应进而与城市品牌相协同，也是这种统筹的题中应有之义。比如，贵阳市通过"循环经济"这根

---

① 刘彦平. 城市品牌化战略与经验：品牌战略规划要诀［J］. 魅力中国，2007（12）：3.

"红线",将独特的区位特点、自然生态和产业发展等品牌资源整合起来,跳出"环境立市""第二春城"等被动窠臼,形成"生态经济市"的品牌新格局,实是高明之举。①

加强地区之间、城市之间的战略联动,是城市品牌得以持续发展的重要途径。其中,开展投资和旅游等方面的合作,联手打造地区品牌,是城市品牌建设的新趋势。例如,河南省的"郑汴一体化"规划,是郑州、开封两个城市同城化的概念,包括产业一体化、市场一体化、基础设施一体化、投资环境一体化等。郑州和开封作为历史文化名城,各自都有着深厚的品牌资产积淀,在一体化的建设进程中,如何使"九州之中、十省通衢"的郑州以及"七朝古都"的开封能借地区经济的活力而激发其固有品牌资源的光华,并使之相映生辉、携手共赢,是考验两地管理者和市民智慧的一个重要课题,也需要做更多更为谨慎和细致的工作。②

【案例】"千年商都"的品牌再造

城市文化是城市形象的重要组成部分,思想和观念的转变才能带来质的飞跃,促进文化营销正是构建核心价值观的过程。实际上,广州作为岭南文化的中心,自然被赋予古文化的气质,民俗文化、历史遗址文化、饮食文化、宗教文化等渗透在城市生活的各个方面,是城市更深刻的吸引力和魅力所在。近年来,广州的城市营销中有相当一部分是围绕这些文化开展的。

1. 塑造岭南特色的城市空间形态与形象

广州正推行"塑造具有岭南特色的城市空间形态与形象"的发展路径。围绕岭南文化特色的一系列基础改造和宣传,让广州的城市形象实现了显著的转型。比如,在岭南文化基础上举办的"亚运会",广州市确立了"祥和亚运

---

① 刘彦平.城市品牌建设之一:战略规划[J].国际公关,2006(3):64-65.
② 刘彦平.城市品牌化战略与经验:品牌战略规划要诀[J].魅力中国,2007(12):3.

会""绿色亚运会""文明亚运会"的理念，确定了"科学发展、环境优先，关切民生、解决民忧"的十六字工作思路。在保持经济平稳较快增长的同时，着力文化和环境建设。通过多年的努力，近年来广州获得了众多荣誉：中国文明城市、卫生城市、国家环境保护模范城市、国家森林城市、国际花园城市、金融生态城市、国际商标战略实施示范城市、全国流通领域现代物流示范城市、中国特色魅力城市等。

2. 将文化与文明渗透在生活的细节中

近年来广州正在形成一种行为文化，把文化与文明渗透在生活的每一个细节中。这种文化兴起于亚运会筹备时期。亚运会的体育营销使广州的城市形象相比于以前有了大幅提高，除了体育方面的快速发展，政府借亚运会的契机展开的行为文化建设活动也取得了一定成效。比如，"排队日""清洁日""互助日"等日常活动，极大促进了"爱国、守法、诚信、知礼"的城市文明提升，逐步培养成新的市民行为风尚。

3. "幸福广东，幸福广州"

"幸福广东""幸福广州"的提出创造了文化与商业的并行发展，使广州的城市发展有了核心价值观和长期发展的能力。

自然、经济与文化环境，是幸福广州的坚实支撑。广州的大众文化、平民文化特征非常突出。云山珠水的自然环境、开发经济的包容心态以及多元争鸣的媒体意识等，与广州的这种文化特征交相辉映。广州人重实践，轻形式，最早接受外来文明，但又固守着儒家文化的社会实践精神。可以说，广州文化拥有三个特点：平民的而非精英的、本土的而非外来的、未完成的而非固定的。

4. 城市文化符号视角下广府文化的解读

广州城（古称番禺），至今有着2000多年商都历史，作为中国南大门与改革开放排头兵，现已发展成为现代化、国际性、国家中心城市和全球城市。但长期以来，广州市在"说不清道不明"的形象中似乎缺乏一个能凝聚文化精髓与个性的、独特专属的城市形象品牌定位。广州曾以广府文化的元素为核心塑造与宣传城市品牌，尽管独具特色，但在大众传播中的形象一直是零散且不明朗的。例如，民间盛行的粤语、粤剧、粤菜、民俗仪式等粤式岭南文化习俗令人印象深刻且保存完整，却长期不被周边省市地区民众所理解。因此，梳理岭南文化体系中的广府文化特色，以之构建独特广州城市形象品牌与城市文化符号体系，对于国际化发展与全球竞争意义深远。

5. 南粤古城与务实商风

广州市是广府文化的核心区域。古代广府的两个战斗故事间接佐证了广府地域文化起源。综观分布广州市老城西关区域内的古建筑，无不体现了广州历史岭南风韵，折射出南粤人生存哲理。广州伦文叙纪念广场的重建，重现了这位明代状元"鬼才"风骨。小广场中各人物雕像、石雕、牌坊等装饰工艺，成为广府文化历史注脚。值得一提的是，位于越秀的羊城新八景之一"陈家祠"，是清末广东七十二县陈姓族祠书院，也是广东现存规模最大、保存最完好的民间工艺杰作，其典型式样的建筑和砖雕泥塑无不体现出广府文化特色的独有性，是广州城市历史文化形象的独有符号之一。

千年商都广州是古代海上丝绸之路的发源地，拥有自身独特历史商业文化魅力。那众多老字号便是广州城市文化风格的重要组成部分。广州传统风俗与发达商业使得广州的市场商业环境始终坚守着粤式老派务实经营的人文色彩。位于广州最繁华商业街之一的北京路正是古代南越广府文化传承的厚重历史与沉淀，也是岭南文化的精髓聚集，是粤商务实与进取商业文明的最佳典范。近百年来，中西融通的发达商业经济，四通八达的商品物流，成就了广州城市商业中心和国际贸易中心的特色商业文明符号化所特有的，如今代表着活力商贸经济创新社会发展生机勃勃的城市印象。

6. 羊城花景与云山珠水

"岭水争分路转迷，桄榔椰叶暗蛮溪"。花城广州北靠五岭，南临珠海，市内白云山坐镇，有着天地造化的雄浑气势。地理环境得天独厚，岭南重峦叠嶂，层林叠翠的南国风光。早在五代南汉时期，广州人民就以种花为业，珠江南岸庄头村一带就有许多素馨花田。广州的农业文化和商业文化在两千多年的历史中又融入了各朝各代的独特风俗。

珠江又称粤江，是中国第二大河流及国境内第三长河流。在远古时期，珠江流经广州市区的那段河流是很宽阔的。珠江的北岸不在目前沿江路，而在中山路一带。珠江的南岸，地理却千百年来没有大的改动。珠江是独特的广州城市自然禀赋景观，广州的历史马路建设基本上都与珠江流向保持一致。近年建成的国内第一高电视塔——广州塔（俗称"小蛮腰"），有十几万名市参与为之集美名。"小蛮腰"矗立在城市新中轴线与珠江景观轴的交会处，一江之隔的是珠江新城和海心沙岛，构筑孕育着勃勃生机的花城广场——广州城市空间新客厅。因此，"云山珠水"的城市特色文化符号充分体现了"广州，因你而生"的千年商都城市活力面貌与人文情怀。

粤语即广东话，其语言文化是中国汉语文化重要的组成部分，千百年来形成了独特和完善的语言体系与地区特色，是中国文化传承史中浓墨重彩的一笔。"广州话，我撑你"的持续民间运动致力于发展粤语特色的城市文化，丰富了广府文化符号化产业内涵，提升了广州文化国际性传播力。

7. 兼容并包与广府文化

广府文化是广系民府文化的简称，即粤文化代称。泛岭南文化涵盖建筑、园林、画派、戏曲音乐、民俗节庆、宗教、饮食、语言、侨乡文化等内容。广府文化是岭南文化的重要代表之一，是岭南文化中影响最大、个性最鲜明的一部分。广州城是广府文化核心区域与发源地、核心圈。形成兼容并包、海纳百川的广府文化体系特征。广彩、粤剧、牙雕、茶楼及岭南画派等逐渐形成各个领域的民俗文化形态，保留了传统的广府文化符号特色体系。广府文化特征民居在建筑营造上既吸收西方建筑技法，又适应本土风水气候。广府戏曲音乐的广东音乐流派是近代中国最具有代表性的中西合璧艺术产物。粤剧表演集各家之所长，伴奏上大胆采用西洋乐器烘托曲艺唱腔和动作效果，乃为一种开创性兼容。

岭南广府文化的务实与创新，其核心就是敢为天下先的精神。岭南广府文化源于中原，后在岭南岭北交流并逐渐与海外英美文化融合，其本质是兼容并蓄且极具开放姿态的，并无明显排他性，还具有西方文化中的重理性、重实际的文化内涵。例如，广州人的服饰，朴实真我却引领时尚；广东人的食材，包罗万象却美味无穷；广州的方言，独具一格，古韵留存；广州的民俗，继承传统，保存民风荟萃；广州人的娱乐，中外交融，身心皆宜。

8. 基于城市品牌文化符号传播的广州城市形象建构

城市形象与城市品牌是城市的重要文化软实力。城市形象与文化符号是动态演进的，不应仅以城市古迹就定位为"历史文化名城"、有自然天赋资源就自定为"山水城市"、经济发达领先一步就称"现代化商都"等，这些均不是成功的城市形象品牌定位。只有根据独特个性化城市文化与可持续发展建构其城市形象符号体系，才是城市传播发展的思路。在新媒体传播生态下，随着泛媒介应用与智能时代的到来，随着经济社会发展和城市规划，丰富城市形象的内涵及景观，提升城市形象要素的水平，树立富有动态、立体化的可沟通媒介化城市形象策略不可避免。

9. 提炼城市品牌文化内涵，并使其具有传播的独有性

每座城市都可以被赋予城市独特的符号，传播中再现其内容和形式。不同城市文化符号体系的多样性可以催生出诸如城市建筑符号、城市自然生态符号、城市文宣符号、城市文俗符号等。城市文化符号是城市形象塑造过程中最基本的元素，只有那些特色鲜明、生机勃勃的城市文化符号城市形象才在传播中具有独有性。

"海花蛮草连冬有，行处无家不满园"。美誉花城广州与花卉结缘有上千年历史。"年卅晚，行花街"是独特的广州年俗传统花市景象。"广州过年，花城看花"这一基于广州独特的文化符号品牌经过多年打造，逐渐成为在世界上影响力广泛、特征鲜明、知名度高的城市品牌形象。

城市地标建筑及人文符号，承载与传播着城市的思想、城市新功能和价值

等。广州现存的一些历史地标建筑物，如镇海楼、中山纪念堂、五羊石像与六榕塔等，印证了老广州的文化变迁和民俗风貌。广州新城区的建筑文化特色，如广州塔、歌剧院、广州图书馆、艺博院等代表活力商都广州城市国际化文化符号，已经成了城市新文脉内涵。传统与现代、开放与务实、洋气与民俗等混杂包容的新广府文化特色，将城市文化精神的过去与现在联结了起来。广州独特传统习俗与文化符号优势，广州花卉文化习俗源远流长，广州民众养花、买花、赏花是日常生活之乐事，也引得无数文人墨客争相咏诵，留下大量与花城相关的名篇佳作，铸成了花城广州品牌内涵的重要基础。

因此，提炼城市文化符号传播独有性，城市文化符号体系造就城市形象传播高度、广度与深度。城市文化符号和城市与时俱进战略定位相适应，是最具潜力和生命力的城市文化符号。

10. 创新城市个性化品牌文化

文化软实力已成为国家之间竞争的重要因素。文化创意产业可持续发展带动其他产业链协同前进，成为城市社会经济发展的增长点。城市文化独有符号化体系的产业化发展，也将带动城市文化创意产业、城市创新发展的未来因子。千年商都广州可围绕广府文化、岭南特色等独有特色文化内涵符号产业化，进一步构筑产学官研互相支撑的合作机制，创新、发展、协同为一体的广府文化创意产业链，以文化带动广州创意产业全面转型与升级。借助全国"第一展会"特色商业文化符号——广州进出口交易会金字招牌平台，带动广府文化区域城市旅游产业、文化传媒、城市创新等持续发展。花城广州、"云山珠水"的城市景观特色，打造了全球城市广州形象文化符号，形成集聚效应，以产业化思维、创新模式创新城市文化符号产业化机制。城市文化符号产业化的传播与运营，促进城市形象塑造与传播形成合力，带动珠三角粤港澳大湾区城市的经济文化融合发展。

借"花艺界的奥林匹克"国际花卉艺术展暨世界花卉协会年会落户广州，从生态、生机、生产、生活、生命"五朵金花"内涵符号化，坚持让广州花城品牌真正变得有生命力、持续生长发展战略，把广州塑造成生态之城、产业之城、生活之城、文化之城和养生之城。

11. 提升城市独有的品牌文化符号及传播力

独具魅力和特色的城市文化符号可以作为城市品牌无形资产的重要部分，对内可以增进市民认同和自豪感，对外可以提高城市的知名度和吸引力。城市个性文化符号体系可以全媒介跨渠道传递给社会大众、网络受众、新媒体用户，增进大众对城市文化符号的认同度。在如今的"互联网+"背景下，城市良好的形象建设与融合媒介的城市传播策略，以及人人可以参与协商对话的"可沟通城市"形态就会形成。例如，近年的"广州过年，花城看花"系列活动，从《船说》演出、"小蛮腰"的灯光音乐节、吉祥物"花花"和"城城"到微信小程序"识花君"、VR体验广州之旅。基于线上与线下融合的策略，打造新广州城市品牌形象，不断提升城市品牌形象传播力。近年来，广州举办的第16届亚洲运动会、世界财富论坛、世界体育专项锦标赛事、中国进出口交易会、世界级商品博览会、高端国际会议、大型赛事、节日庆典等活动，成为提升"花城广州"城市品牌的显示度和影响力的重要契机。

基于新媒体时代的视角和人文情境去构建花城广州的城市传播框架，是提升城市文化符号形象传播力的重要前提。全媒体与智慧媒介传播催生城市形象传播全新境界。新媒体和传统媒体融合，以全媒体形式立体化、全时空地展现广州花城文化符号的独特人文魅力与天然禀赋，渗透进大众日常生活，给受众以互动、直观的形象符号感受。例如，第16届广州亚运会申办前后，以广府文化城市特色符号化系列，通过全方位的媒体、公关、事件等综合策略手段，实现了广州城市品牌形象传播力与传播效能最大化。在智能媒体迅猛发展大背景下，随着微信、微博、抖音、快手等社交化自媒体的传播力不断增强，智能终端将成为提升城市文化符号形象的重要推手。

文化符号化品牌传播是城市传播的策动力。独具魅力和传统特色的广府城市文化符号有利于城市品牌形象价值构建。城市活力与多元文化独特印象也是影响城市传播国际竞争力的因素。互联网全媒体与智慧媒介是城市传播扩散提升重要前提，应依托城市独有文化与符号化传播，创新传播机制与品牌策略，才能持续提升城市形象品牌的传播力与扩散力。广州从国家中心城市迈向全球城市，不仅需要开放与包容并蓄的花城广州城市品牌形象的塑造与传播，还应增强全球国际受众的习惯、理念、情感、接受方式等，满足城市国际竞争软实力提升的需求。

第八章

城市品牌关键要素

自 2017 年始，重庆、厦门、杭州、郑州、武汉、成都、济南、西安等城市成为"互联网+"时代下的"网红城市"。这背后所反映的，正是这些地方的城市品牌营销觉醒。

在中国轰轰烈烈的城镇化进程中，城市营销和城市品牌化对于城市发展有着巨大的带动作用。如果说一开始的城市营销主要以举办线下知名大型活动为主，那么后续的营销则加上了城市概念的炒作。当进入"互联网+"时代，网络交互式营销的手段也为城市品牌营销增添了更多的新玩法。所谓的"网红城市"就是新时期城市品牌营销效果的代名词。

品牌是城市坚实的护城河！

具备品牌建设能力的城市，通过不断增加品牌附加值，通过品牌建设，持续构建起核心品牌价值和竞争壁垒，从而使得城市品牌运营更持久、更健康。

第一节　城市品牌，要有清晰的内涵

市场进入了高度竞争的时代，要求企业家必须要有清晰的品牌战略，企业的负责人应该花更多的精力放在品牌战略的规划上。一旦找到占领用户心智的品牌定位，即刻出击、高点占位，品牌占位更要发挥差异化价值。

总而言之，做品牌要先占据品牌制高点，然后才能聚焦认知、品类、特性和差异化。大多数人口中所说的品牌，只是个产品名称、企业名称或商标名称，并不是真正的品牌。许多企业只是拥有一个知名的品牌名称和一些不错的产品，然而销售业绩主要来自产品的竞争力，是由产品驱动或市场驱动的，并不是由品牌驱动的。

就交易的本质而言，人们选购产品，一定是经过与其他产品的多番比较之后做出的理性决定，最终挑选的产品一定是物美、价廉、质优、量大、易用、实惠、有特点的，它可以满足消费者的某种特定消费需求，最终达成交易。为什么消费者在选择品牌时不会有那么多的比较呢？那是因为品牌的利益点早已抢占了消费者的心智。这种抢占，一定是产品在某些方面达到了消费者利益的制高点，进而形成品牌的制高点，最终使产品进化为品牌。

在当前数字化时代，品牌建设经常受到挑战，在这个越来越复杂的环境当中，长久坚持及具有持续生命力的品牌建设显得越来越重要。目前，许多城市都有整合营销传播的需求。事实上，整合的基础源自品牌内涵的清晰度，在清晰的品牌内涵基础上，才能考虑下一步的整合营销传播和推广执行，这其中的重要性是每个城市管理者及相关从业人员都必须清楚的。

因此，没有清晰的城市品牌内涵，就没有接下来的城市品牌塑造。

第二节　城市品牌定位，抢占心智空间

定位，即清晰界定品牌在众多竞品中所处的位置。

杰克·特劳特（Jack Trout）所著《定位》一书中指出，美国已经成为世界头号"信息过度传播"的国家。传媒类型的激增引发了信息传播量的膨胀，这极大地影响了人们处理所获信息的方式。基于此，定位理论主张构建差异化

的同时,抢占人们的心智空间。

品牌定位在品牌经营和市场营销中有着不可估量的作用。品牌定位是品牌与品牌所对应的目标消费群体之间建立的内在联系。城市在确定品牌类型时一定要充分认识本地优势所在,如果一个以农业为主要经济收入来源的城市,把旅游作为品牌来打造,无疑是没有考虑城市的优势。①

城市定位对城市很重要,城市的资源禀赋、区位条件、产业基础、人力资源等因素决定了城市发展定位。定位不能太高,否则达不到就会成为空想。定位也不能太低,否则太容易实现,就无法起到激励作用。定位要适当超过城市能力,跳起摸高能达到的目标才是好的目标。例如,上海的定位是建设成为卓越全球的城市,以及具有国际影响力的现代化国际大都市。

根据各地统计公报及公开报道,2022 年,深圳规模以上工业总产值 4.55 万亿元,同比增长 7.0%,十多年间翻了一番(2011 年为 2 万亿元);全口径工业增加值超过 1.1 万亿元。值得一提的是,此前深圳工业总产值已经连续 4 年位居全国之首,2021 年工业增加值首次超过上海,成为名副其实的"工业第一城"。目前,深圳拥有 31 个制造业大类,基本形成梯次型现代制造业体系。新能源汽车、充电桩产量分别增长 183.4%、113.8%,民用无人机、5G 智能手机产量增速均超过两位数。全市七大战略性新兴产业、20 个产业集群增加值 1.33 万亿元,同比增长 6.9%,占地区生产总值的 41.1%,智能网联汽车、新材料、新能源等集群增加值继续保持两位数增长。

厦门作为东南沿海的重要中心城市,定位是高素质、高颜值的现代化国际化城市,这也是全体市民共同努力奋斗的目标,即建设高素质的创新创业之城,高颜值的生态花园之城,努力提高现代化国际化水平,成为我国开启现代化新征程的排头兵。

近几年,行业有关强化城市文化、品牌文化的大动作不断,城市越来越重视品牌内核层面的构建和传播,越来越重视定位的力量,"定位"的作用就是

---

① 张华,于晓波,丁万华,王福敏.齐齐哈尔城市品牌的思考[J].理论观察,2019(12):3.

通过对独特品牌价值的确立，突出产品亮点来更好地满足消费者心智。说到底，就是挖掘品牌精神，构建品牌符号。

其一，消费层级决定城市战略。不同层级的消费需求对应着城市不同层面的战略要求。决定消费者心理的因素由单一的以价格、品质为主导上升为品牌、文化起决定性作用，这就要求城市在品牌打造上下功夫，最大程度地表现城市的核心价值。

其二，需求形式指导品牌建设。三个层级的消费需求相互作用、依次递进，直至消费本质的最高层级——精神追求，进一步指导品牌建设。品牌建设包括品牌定位、品牌规划、品牌形象和品牌扩张，品牌是城市无形的核心竞争力。定位是品牌建设的首要环节和重中之重，通过精准定位，指导品牌不断演变，找到空白市场，抢占消费者心智。品牌形象的树立是日积月累的成果，通过品质、品牌和消费者口碑传播效应获得市场赞誉。

城市功能性需求、社交需求、精神追求三个层级，从城市物质、精神的双重属性出发，链接产品质量、营销模式、品牌力三方面，完整构建了"三位一体"的品牌建设体系。综观中国城市，马太效应之下行业竞争压力增大，无论规模大小，城市都开始重视对自身品牌的塑造和推广，从而提高品牌价值高度。因此，品牌建设是完成一个"从0到1"的成长过程。

其三，挖掘品牌精神，创造城市超级产品。城市品牌塑造要注重城市品牌精神的培育与城市文化品位的提升，在此基础上打造城市的"超级产品"。厚重的品牌精神是城市的灵魂。它的凝聚和升华，引导着城市发展的正确方向。现代化城市建设，不能光靠有形的硬件去支撑。钢筋混凝土能使高楼林立，但不能铸就高品位的城市品牌精神。一个缺乏品牌精神的城市，是不可能朝着正确方向迈向未来的。城市品牌精神，既是城市内涵的体现，也是人的内在素养的提炼和升华，是人站在理性的高度审视自然和社会的思维之光和智慧之果。有了它的培育和弘扬，人可以站在高处，想得更深，看得更远，从而不陷于浅薄，不流于浮躁，不累于虚名，奋进而不狂妄，创新而不莽撞，既改造社会和自然，又和谐于社会和自然，把谋求自身的利益与谋求群体和社会的长远利益统一起来。这种城市品牌精神，是不随岁月流逝的精神之光。

第三节　城市品牌主张，触动人心是关键

触动人心的品牌主张尤为重要。没有品牌主张，很难成为真正的品牌。

什么是品牌主张？

品牌主张是指城市向受众所传递的核心认同和价值观。品牌是一种承诺，表现品牌的一贯立场，满足人们的某种特定需要，能让人们看到它存在的价值并明晰品牌的精神内涵。品牌主张在品牌塑造过程中有着十分重要的地位，是将静态品牌活化的重要策略。城市的一切传播和营销活动都是围绕品牌主张展开的。

在品牌塑造的过程中，通过品牌主张来指引品牌策略发展的方向，指导品牌接触点所需要的"零件"，是非常有必要的。

许多人以为，运用自身功能性优势来说服受众才是最直接的业务方式，品牌主张、价值观、人生态度这些精神层面的信息是空洞无用的，对营销没有任何帮助。显然，这种观点具有片面性。当然，营销当中的品牌主张要因人而异，因自身特点而异。要想塑造高附加值的品牌，一定要有自己的品牌主张，而且品牌主张要触动人心。

只有受众对城市发生触动，产生了情感，才能深入其心智，占据其心智资源。差异化的利益点对营销来说很重要，但还是存在不足。差异化的产品利益点，只会让人暂时喜欢，却不会获得长久喜爱。就如王老吉、加多宝，它们的差异化产品利益点缺乏植根人内心的价值观，只是一种功能性的诉求。反观可口可乐，它既不解渴，也不便宜，而是一种"快乐"，一种"爽"。

以北京为例，作为我国的政治中心和文化中心，它有独特的地位、悠久的

历史、灿烂的文化、丰富的景观，北京有诸多的亮点需要展现。借着奥运会的契机，北京提出"北京欢迎你"的广告语，获得强烈的反响。"北京欢迎你"虽然比较简单，甚至让人感觉抽象，但是结合北京的城市定位，又恰恰合情合理。

以杭州为例，2014 年，杭州的旅游宣传口号确定为经典的"最忆是杭州"。"最忆是杭州"是将杭州美好的景色与文化糅合，从景到文化，一步步把人引入到回忆中，然后升华到情感的层面，勾起人们对杭州丰富而美好的多重联想。

杭州不仅是一座有着深厚文化底蕴的迷人城市，还是承载游客美好记忆的城市。"最忆是杭州"通过在 G20 峰会上的演绎，将杭州的历史文化，尤其是江南水乡文化表现得淋漓尽致。

G20 峰会之所以会在杭州举办，并不只是因为杭州是休闲旅游城市，甚至杭州早就不单单是休闲旅游城市了。20 世纪 50 年代，杭州因良好的环境被定位为"休闲疗养城市"，因为疗养产业不足以支撑城市发展，所以很快就变成了"北工南居"的工业城市。直到改革开放，杭州才重新回归到"风景旅游"城市定位。休闲旅游城市也是绝大多数人对杭州的印象。

杭州的发展不只是因为旅游业发达，还有杭州城市产业定位、产业布局的功劳，也正因如此，杭州从休闲旅游城市变为中国互联网城市。休闲旅游城市所能带动的产业有限，而杭州成为中国互联网城市则是由一系列因素的量变达成的质变，科技、教育、城市布局、交通、产业规划、人才引入等，互联网产业发展后反哺到杭州各个方面。当然，杭州的休闲旅游名片对杭州互联网城市的促进作用也是非常巨大的，成为人才引入、企业入驻的重要原因。杭州拥有了"互联网城市"与"休闲旅游城市"双名片。互联网城市提供产业、就业支撑；休闲旅游城市提供生活质量保障支撑，实现安居乐业和"最忆是杭州"的感知！

北京、杭州鲜明的城市广告语，为两座城市描绘了清晰的定位和标签。

以上海为例，"精彩每一天"传达的是在上海能够拥有丰富多彩的生活，在上海每一天都过得精彩的理念！这确实没错，但是一座城市的广告宣传语，应该与城市的文化进行结合，传达城市文化和精神特征。

德厚闵行，文进万家；厚德金山，礼尚之滨；教化之城，礼乐嘉定；汇善汇美，文明徐汇；上海之根，文明松江；匠心筑梦，品质黄浦；心动浦东，体验精彩……这些上海各区的城市宣传语虽然丰富，但却显得混乱，也将上海市已有的品牌宣传语弱化。

上海的优势不应该仅体现在购物、贸易、金融等物质方面，而应该是上海"开放、包容、向上、睿智"的精神，正是这些精神才成就上海成为中国第一大城市、我国的经济中心，上海代表着先进、拼搏、奋进和希望。

上海应该是一座"充满无限可能"的城市，无论过了多久，上海向人传达"充满希望，无限可能"的感知，才是上海吸纳人才、创新不止的根源！

第四节　城市品牌个性，保持始终如一

20 世纪 50 年代，美国 Grey 广告公司提出了"品牌性格哲学"，日本小林太三郎教授提出了"企业性格论"，从而形成了新策略流派——品牌个性论（brand Character）。该策略理论在回答广告"说什么"的问题时，认为广告不只是"说利益""说形象"，而更要"说个性"。由品牌个性来促进品牌形象的塑造，通过品牌个性吸引特定人群。

品牌个性具有其独特性和整体性，它创造了品牌的形象识别，使受众可以把品牌当作人看待，使品牌具有了人格化、活性化的特点。

无法辨认个性的产品，永远成不了品牌。品牌个性的形成，来自一致的文字语调与富有创意的视觉表现，城市要将品牌个性真正进入消费者意识。在数字时代，随着实时的热点搭载不同的销售信息，但却忽视了品牌个性一致的重

要性，大部分数字传播作品随着热点的场景变动而变化，传播的语调与风格变化不定，导致品牌个性的分裂，以致无法累积产品拟人化所需的品牌个性和独特个性的品牌资产。

城市品牌主张与城市品牌个性是品牌营销当中最基本也是最重要的两个关键词，但是，在新兴的数字传播中，却逐渐被遗忘，甚至被删除或篡改，这是不利于品牌建设的。

无论商业模式或传播手段如何变化，人性不会变，品牌的重要性、品牌化的原理、品牌主张的价值及品牌个性的必要性更不会变，城市品牌亦复如是。

第五节　品牌风格，给人以不同凡响

品牌风格是什么呢？是指在目标品牌和品牌本体因素和环境因素的双重影响下、在目标品牌主题的约束下，通过品牌设计对品牌的核心价值、个性与特质做出的美学表达方式。

突出的个性来自特别的风格与语气。塑造品牌个性的视觉风格与文字的语气，很少来自前端策略的制定，都是源自创作者的个人主观的偏好及个人拥有的创意能力。与其说是一种偏好或能力，不如说是创作者对商品本质与品牌精神的一种特殊理解与诠释。

培养城市品牌，正如培养孩子一样，是一门学问，也是一门艺术，即便参考同样的育婴手册，每个父母从中汲取的营养成分和经验也不一样。因此，同意创作者将个人的理解与见解，甚至准许客户将自己的偏执加入品牌的风格与语气之中，是情理之中的事。

在塑造城市品牌个性的过程中，最大的风险就是没有一致的风格。事实上，要维持一致性比想象中难得多，因为客户的决策者与代理商的创作者总是不停地替换，这也导致了许多品牌的风格不能贯彻始终。

第六节　城市品牌，要讲求人性之美

社会化媒体时代，善意的、人性化的品牌才能异军突起。

荷兰皇家航空公司（KLM）于 2010 年 11 月发起名为"让快乐蔓延"的全球活动，在世界各地的机场，KLM 向选定的乘客派送适合本人心意的意外礼物。一旦有快要登机的乘客登录了 KLM 在签到网 Foursquare 上的社区，就会有 KLM 员工上网查询这位乘客的背景信息，选择合适的礼品，在此人出发前将礼物送给他。①

"表达善意的随机行动"，或暂且称之为"善意营销"：品牌通过线上和线下的方式，发起一种营销攻势，给消费者突发的、随机的惊喜，表达出品牌的一种善意、祝福和理解，从而获得消费者的认同与接受，进而通过 SNS 社交圈子传播。

品牌人性之美的背后，是品牌与消费者受众之间的关系以及关系变化的清晰脉络。任何一个品牌，如果善于洞察和把握这其中的变化，并且能够体现在营销行动中，就会成为品牌的一种全新竞争力。

首先，消费者越来越希望看到品牌人性化的一面，并且期待品牌不只具有起码的社会责任，而且也能表现出良好的价值理念。消费者对于品牌的期望值，已经远远超越了单纯的产品功能和使用价值层面的需求，更期待品牌能承担起主流的价值观和道德观。

其次，消费者和品牌之间的信息不对称现象越来越少。借助各类社会化媒体，消费者可以分享、讨论各种话题，甚至联手采取一些行动，这已经成了常态。品牌作为消费者生活中的一部分，无法避免被评价、讨论和传播。消费者和品牌已经不再是"你讲我听"的阶段，而是一种互动关系，而这种互动必

---

① 徐雷 . 灵光闪现的品牌善意［J］. IT 经理世界，2011（9）：95-96.

须是真实的、有趣味的。

对于城市而言，绽放人性之美的城市品牌及善意营销可以柔化及拉近与受众的关系，以及社交网络的宽度和流畅度，足以使一个成功的营销计划得以快速传播。当然，实际操作并非易事。一方面要好好策划；另一方面更要有一颗"善心"，善因方能结出善果。

在城市管理者采取善意营销之前，必须得问自己几个问题：

- 率真。你是真诚的、发自内心的吗？
- 创意。你能玩出新的花样吗？
- 意义。你到底想说明什么？能表现出同情、人性，甚至某种独特的个性吗？
- 趣味。轻松有趣吗？能让消费者兴奋和惊喜吗？

对于许多城市品牌管理者来说，要想清楚如何同受众建立新型的合作共生、共同成长的关系，迈出这一步，是需要勇气和决断的。而对于没有任何历史性包袱的中小城市，这就是一个异军突起的契机。越是嘈杂的时代，越需要安静而善意的品牌，胜出的一定是那些人性化的、善意的、代表新生活方式和参透新传播规律的城市品牌。

第七节　城市品牌故事，要能产生情感共振

城市品牌竞争日趋激烈，传播环境空前嘈杂，城市品牌传播应从宏大叙事转向小叙事、讲故事的新视角以增强穿透力，提升品牌传播效果。城市要讲好故事需要力求叙事内容的窄域与精选、讲求叙事主题的大众化与时代感、谋求叙事角度的集中聚合、追求叙事形式新颖别致。

塑造品牌，要赋予品牌一个有感情的品牌故事。我们要卖的不只是产品，更是洞察人性的故事。好的产品，要能打动人心、能触及人的灵魂，让人们在

享用产品时多一分想象，增添享受的情趣，借此增加产品的价值，这就是品牌的价值。

品牌是给消费者带来溢价、产生增值的一种无形的资产，品牌的载体是用以和其他竞争者的产品或服务相区分的名称、术语、象征、记号或者设计及其组合，增值的源泉来自消费者心智中形成的关于其载体的印象。而独一无二、打动人心的品牌故事则是形成印象的绝佳素材。

品牌故事应该描述品牌之所以存在的初衷，也就是基于什么社会环境的需要，相信什么样的价值观，拥护什么立场和态度，提供什么样的生活主张。

品牌故事，对于公司的营销起着正面积极的作用，能对消费者造成一定的思维影响，并在心中认可品牌的价值观和文化观，从而产生共鸣，对品牌产生信任感，并且不轻易改变。

例如：海尔张瑞敏砸冰箱事件，广为流传。随着这个故事的传播，海尔品牌的知名度和品质的美誉度脱颖而出！有太多的消费者被这个动人的故事征服，成了海尔忠实的拥护者，使海尔产品成为质量的代名词。有"天然矿泉水贵族之称"的依云，正是通过故事营销，将自己高贵奢华的品牌个性，表现得淋漓尽致。

何为品牌故事？品牌故事"以与品牌利益相关人及相应行为为出发点，紧密围绕品牌精神和理念目标展开叙述，最终通过生动、趣味、感人的表达方式唤起与消费者之间的共鸣"。

武汉的城市宣传片《武汉·乡愁》以"从没离开过家乡的人，会有乡愁吗？"这一主题击中了隐匿在广大受众内心深处的情感。有的人的乡愁可能寄于一个小村庄，有的人的乡愁可能寄托于一条老街乃至一处老房子。乡愁和亲情、友情、爱一样都是人类永恒的主题，但唯一不同的是"乡愁"这一主题具有鲜明的时代感，今时不同于往日，这一代人的乡愁已不同于上一代人，就像片中所说的这一代人的乡愁是没有离开过家乡的乡愁，隐匿却依然浓厚。小叙事主题的大众化与时代感以四两拨千斤之势，战胜了宏大叙事的空洞无感，因此这样的城市品牌传播更具感染力、穿透力。①

　　小叙事要在短时间内吸引受众的注意力，一方面要创新城市故事的呈现形式，使受众产生耳目一新的感觉。例如，《听见你的声音》是国内首部运用裸眼 3D 技术的城市宣传片，影片在观看之时，可以达到几近入画的交互效果。另一方面要充分利用社交媒体森林状传播样态，扩大传播范围。《武汉·乡愁》在央视播出之前，就已经在朋友圈刷屏，微信、微博等各媒体平台累计播放量达 60 余万次。这就是内容切中传播规律的一个例证。除了微信、微博，当前大火的抖音、哔哩哔哩等也是城市品牌传播要重点考虑的平台。

第八节　城市品牌事件，引爆关注是王道

　　事件营销是一种有效的品牌传播与市场推广手段，集新闻效应、广告效应、公共关系、形象传播、客户关系于一体，并为新产品推介、品牌展示创造机会，建立品牌识别和品牌定位，形成一种快速提升品牌知名度与美誉度的营销手段。

　　以苹果为例，苹果公司营销团队就是事件营销的高手，而且有一整套引爆口碑的打法。美国著名科技博客 9to5Mac 深度爆料苹果公关团队的运作内幕，苹果式口碑有以下几个秘密武器：

　　1. 搞定发烧友

　　苹果的测试样机被视作科技产品与发布领域的圣杯，只有为数不多的几名经过精挑细细选的人士才能够抢先试用，这些人都对苹果持积极友好的态度。苹果前公关代表还记得，他的上司曾经要求他仔细查看测试样机的包装盒是否完美无缺，上面绝对不容许有任何的划痕或瑕疵。

　　2. 沟通媒体，免费上头条

　　苹果上头条的秘密武器有三个：一是让媒体竞争，在杂志占据主导的年

---

① 安琪，于园园. 小叙事、讲故事：城市品牌传播的新视角 [J]. 传播力研究，2019, 3（1）: 219.

代，乔布斯可以通过让《新闻周刊》和《时代周刊》争夺独家消息的方式，让苹果产品登上其中一本杂志的封面；二是制造神秘感，"他们的战略就是什么都不说，他们会让所有人竞猜苹果的动向，获得免费的宣传效果，避免陷入其他企业遭遇的困境"；三是开一个超级有格调的发布会。

3. 制造流行文化

以上苹果公关团队的运作方法，通过品牌事件为引爆点，进而引发广泛关注的事件营销手段，应该值得城市管理者、营销人员借鉴、学习。

【案例】贺兰山岩画品牌浅析

贺兰山数百里群山峥嵘，神秘莫测，在蒙古语里，贺兰山即为"骏马山"之意。岩画则为先民所遗，凿刻于贺兰山东面的崖壁和岩石上，因地而名，称"贺兰山岩画"。在北起石嘴山，南迄青铜峡，长达 200 多公里的山崖上，共有千余幅岩画，美不胜收，是不可多得的中华文化瑰宝。

一、品牌价值

贺兰山，被称为宁夏平原的守护神。

宁夏，是中华文化的发祥地之一，位于丝绸之路东段北道的交通要道上，贺兰山也是丝绸之路上的重要节点。宁夏北部黄河灌区，包括银川、吴忠等市，人称"塞上江南"，在这里可以领略到大漠金沙、黄土丘陵，水乡绿稻、林翠花红。宁夏拥有民族交融产生的多彩文化，包含古老悠久的黄河文明、回族文化、红色文化、西夏文化、长城文化、古人类遗址、古生物化石遗址文化等文化。

贺兰山由南而北，绵亘逶迤，峭立于宁夏平原西部边缘上，主峰海拔3500 多米。贺兰山是宁夏西北部的天然屏障，从南至北，在宁夏和内蒙古之间蜿蜒 300 公里。它的西坡平缓，与内蒙古的阿拉善高原相接；东坡陡峭，俯临银川平原。从银川西望，山势犹如奔驰的骏马。王维有诗："贺兰山下阵如云，羽檄交驰日夕闻。"另有诗云："贺兰山下果园成，塞北江南旧有名。"大漠粗犷，黄河雄浑，湖泊秀美，平川无垠，边塞风光，交相辉映，折射出宁夏这片美丽的土地厚重悠久的文化底蕴。此外，还有伴随着沙场烽烟，千古铁戈的那曲"踏破贺兰山缺"，又在民族精魄中留下了几许豪迈与悲壮。

贺兰山岩画的富集之地，也是贺兰山岩画的代表之地，则是距银川市区56公里的贺兰山岩画遗址公园。在其山口内外分布着近6000幅岩画，内容涉及贺兰山岩画中的史前人类放牧、狩猎、祭祀、争战、娱舞、交媾等生活场景，以及上千幅动物、植物、人体、天体、水纹、生产生活工具、文字等图案及符号，占整个贺兰山岩画总数的1/3。其中人面像岩画多达712幅，为世界岩画之首。

"岁月失语，惟石能言"。贺兰山岩画保留了其原始、古朴的自然生态环境和人文环境，使其成为具有世界文化交流意义的、最具发展潜力的文化旅游胜地。在中华文化的源源长河之中，贺兰山岩画宛如河水之中璀璨的一粒明珠，熠熠生辉。

二、品牌解析

宁夏大漠风光及神秘文化在全国具有独特吸引力。宁夏素有"塞上江南"之称，是以浓郁的回乡风情、大漠风光、西夏文化及人文景观为特色的旅游胜地，对北京、上海、广东地区客源具备极高吸引力。

贺兰山岩画遗址公园位于贺兰山中段，宁夏回族自治区银川市贺兰县境内，距银川城50余公里，交通便利。贺兰口岩画因其形式风格元素多样而具有极强的艺术价值、历史价值，是研究中国人类文化史、宗教史、原始艺术史的文化宝库。

然而，具有极强的艺术价值、历史价值的贺兰山岩画，近年虽然发展迅速，但客观地说，其旅游营销的整体水平偏弱，游客数量较少，是旅游营销发展滞后的地区之一。综观近几年贺兰山岩画的品牌营销和形象塑造，明显表现出专业度不够、缺乏整体规划布局，其营销活动多缺乏亮点，品牌建设乏善可陈。这一旅游项目主体的定位、任务、形象、市场、协同和投资等要素比较模糊，营销的连贯性、一致性、强度和广度都有待进一步提高。概括起来有如下几方面，以供商榷：

（一）核心价值点有待进一步挖掘

岩画艺术所代表的民族文化及历史考察价值重大，很容易引起国内外游客的好奇及探索，但目前对贺兰山岩画旅游价值的挖掘尚未取得明显成就。

贺兰山岩画具有很强的人文价值，但目前所表现出来的个性并不鲜明。突出其异质性是贺兰山岩画营销亟须解决的营销问题之一。

（二）定位须更清晰

"史前人类艺术长廊，中华文化溯源地"——这曾是贺兰山岩画遗址公园的定位。但此定位是否精准、凝练地体现了贺兰山岩画的独特性、差异性，有待商榷。

贺兰山岩画，一直强调是"中华文化溯源地"。中华文化，亦称华夏文化，是指以中原文化为基础不断演化、发展而成的中国特有文化。因此，让社会认可地处西北地区的贺兰山或贺兰山岩画所在地为"中华文化溯源地"，多少有点牵强附会。

根据岩画图形和西夏刻记分析，贺兰山岩画是不同时期先后刻制的，大部分是春秋战国时期的北方游牧民族所为，也有其他朝代和西夏时期的画像。但这一民族艺术画廊的时间跨度是比较长的，远不是"史前"。

因此，"史前人类艺术长廊，中华文化溯源地"的定位，还是不够精练，有待进一步探讨。

（三）加强客流量

贺兰山岩画是极具文化旅游价值的旅游资源，但从目前的主要游客群体来看，以学生为主，社会旅游团体较少。跟近在咫尺的西部影视城以及西夏王陵的客流量相比完全非一个重量级。因此，贺兰山岩画的推广普及尚待时日。

此外，贺兰山岩画虽然艺术价值极高，但游客的体验感并不是很好，公园内的韩美林艺术馆其实与岩画本身的关联性并不是特别强。

随着"体验经济"的到来，旅游也进入体验时代。人们越来越注重在城市产品消费过程中获得更多的体验和感受，强调参与性和融入感，文化旅游也是如此。

目前，国内文化旅游模式多种多样，但无论是哪种模式，提升游客的体验感，都是至关重要的。如何利用贺兰山岩画的文化资源，打造丰富的旅游体验，比如，让游客亲身体验原始部落的射箭、打猎、织布、制陶等，还原岩画展现的历史场景，通过营造浓郁的西部风情和历史环境，让游客与当地的生活融为一体，就是一种提升游客体验感的方式。

贺兰山岩画自身有非常丰富的文化内涵，每一种文化都是一幅跌宕起伏又丰富多彩的时空画卷，真正的文化旅游就是要带领人们慢慢行走在画卷中，与历史神交千年。这就需要通过挖掘岩画创作时的历史人文背景，打造旅游演艺与体验精品，进而培育出一个强大的市场。

此外，与科技相结合的开发，通过构建虚拟场景来增强互动式体验，如圆明园公园利用"VR+历史"设计的新游园模式，值得贺兰山岩画借鉴。通过现代技术的运用，营造特殊的原始或远古文化体验，或展现当时匈奴、鲜卑、突厥、回纥、吐蕃、党项等北方少数民族驻牧游猎、生息繁衍的生活场景，通过年轻群体更喜欢的新奇和刺激，让远古文化与现代高科技有机地融合，在体验模式和游憩方式上进行大胆创新，增加互动性、娱乐性，为游客创造一种浸入式参与的氛围和情境，让游客穿越远古、置身历史，也是一种提升游客体验感的方式。

（四）强化系统性品牌体系建设

贺兰山岩画具有特殊的人文价值、旅游价值，其地质、地貌、气候和资源等自然禀赋表现出很强的差异性，同时又具备独特的西部人文风情、旅游特色和鲜明形象，在宣传营销上具备一定的基础和潜质，也进行了一些基础的旅游宣传推广。但总的来说，对自身形象、特质的挖掘和营销力度还有所欠缺，在旅游营销的组织、任务、形象、市场、协同和投资等要素上，相较东中部城市差距明显。如果能从旅游项目定位、核心价值点的挖掘、形象塑造、投资促进和旅游推广等方面精心设计、宣传和营销，势必会极大提升贺兰山岩画的整体知名度和美誉度，从而促进地区社会经济的发展。

三、品牌建议

（一）设立旅游营销目标体系，有针对性地配置营销资源

通过设立明确的目标体系，确定旅游营销的使命和愿景，并和旅游项目发展的战略目标相统一，才能够有针对性地配置营销资源，降低决策风险和执行成本，提高旅游营销的效率和效果。

（二）深度挖掘其文化艺术资产，迅速提升品牌形象

贺兰山岩画有自己的历史、文化和成就，这种历史、文化和成就是贺兰山岩画宝贵的无形资产。如果在旅游营销实践中对这类看不见的资产深度挖掘、精心包装、善加利用，能够迅速在市场中提升其品牌形象。

（三）打开视野，目光投向国际

从发展趋势上看，建议一方面学习先进经验，特别是国际先进的经验，充分利用网络新媒体进行旅游营销，充分利用现代媒体塑造品牌形象；另一方面借助专业化营销机构，提升营销的专业化水平。

第九章

城市品牌战略实施

如今，"城市营销"被越来越多的经济学界、理论界学者和城市管理者所重视，如何挖掘城市品牌亮点，擦亮城市名片，已成为城市管理者需要深度思考的问题。

每一座城市，都能发掘出她最具魅力的品牌价值。一座城市的魅力品牌，关联她的过去、现在和未来，涉及历史、政治、经济、文化和历史名人等，从丰富多彩的城市基因中萃取出能够代表这个城市最具个性、最有魅力、最具持续传播力的与众不同的品牌卖点，是一个城市品牌战略营销的关键。

城市品牌化的力量，不仅让人们认识和了解某个区域，更是将某个形象和联想与城市的存在自然地联系起来，将其精神融入城市的每一个建筑，让竞争和生活与城市共存。让招商引资成为推动地方经济发展的巨大推动力，使得城市包装和品牌本身就像商品一样，进而在国内乃至国际市场得到推广。

第一节　寻求城市品牌基因

城市使命是指城市因社会责任、义务所承担或由自身发展所规定的任务。使命是指对自身和社会发展所做出的承诺，城市存在的理由和依据，是城市存在的原因。城市应系统地回答下列问题。

- 我们的事业是什么？
- 我们的受众群是谁？
- 受众的需要是什么？
- 我们用什么特殊的能力来满足顾客的需求？
- 如何看待城市各方的利益？

城市使命的意义何在呢？

- 保持整个城市发展的统一性；
- 为配置城市资源提供基础或标准；
- 建立统一的城市氛围和环境；
- 明确发展方向与核心价值；
- 协调内外部各种矛盾；
- 树立受众、市场导向的思想；
- 表明城市的发展政策；
- 为城市提供持续稳健向上的框架。

城市使命的确立、城市影响力的塑造能快速把城市推向战略高地，对城市发展有益。

公元前43年，罗马人在泰晤士河上修建了一座横跨两岸的木桥，因此开启了伦敦城市发展的时间原点。如今，白金汉宫、伦敦塔桥、海德公园常被外界比作伦敦的象征，但什么是这座城市的精神？

应该说，"坚守传统"是伦敦的城市精神所在。

"二战"后，有城市规划专家提出，市区主干道应当改良为直道以节约空间。为此英国政府还特意开会讨论，但最终还是认为应当还以历史原貌。这个决定得到了绝大多数英国人的支持。今天在伦敦街头可能会听到人们对堵车排队的抱怨，但从没有一个人认为保持城市旧貌有什么错。

伦敦市政府曾计划仿效纽约在市中心建造多座摩天大楼，但这一计划一直遭到伦敦市民的强烈反对，他们担心这些摩天大楼会掩盖住白金汉宫、大英博物馆的光芒，让这些历史建筑存在于现代化的阴影之下。

第二节　遵循第一性原理

所谓第一性原理，就是排除纷扰，直指本源。要打造城市的"千城千面"，要让城市拥有属于自己的"灵魂"，就要遵循第一性原理，追问城市的"第一性"究竟是什么。

第一性原理思维是用来解决复杂问题和产生原创解决方案的最有效的策略之一。"第一原理"是哲学和科学方法论中一个重要概念，指能够从世界上形形色色的原理中加以推导得出的终极原理，由古希腊哲学家亚里士多德首先提出。许多伟大的思想家，包括发明家古腾堡，军事战略家约翰·博伊德和哲学家亚里士多德都使用了第一性原理的思考方法。

我们用第一性原理的思维方式来思考：城市为什么而存在？又如何发展？

因人而建，为人而建，这才是城市品牌的第一性原理。从著名城市营销专家刘彦平的研究中可以看出，澳大利亚墨尔本的城市品牌建设，可以说很好地遵循了第一性原理。从传统经典的"易居、繁荣和魅力"，到积极进取的"充满机遇与选择的全球化城市"，墨尔本给我们提供了一个很好的城市遵循第一性原理的营销范本。墨尔本通过整合营销传播策略，成功地将优势标签转化为城市品牌优势，让街道景观、多元文化、不同族群等城市优质资源转化成能够为城市发展带来促进和增长的引擎。

位于澳大利亚东南沿海的墨尔本，是澳大利亚第二大城市，面积 8831 平方公里，人口 523 万（2023 年）。墨尔本是维多利亚州首府，世界著名的旅游城市和国际大都市。

墨尔本是澳大利亚的文化、艺术与工业中心，南半球最负盛名的文化名城，以纪念英国首相威廉·兰姆——第二代墨尔本子爵而命名，1847年由英国维多利亚女王宣告墨尔本市成立。墨尔本城市绿地率高达40%。墨尔本地区面积达到3400平方英里，是南半球较大的都会区之一。墨尔本城市环境优雅，曾荣获联合国人居奖，并连续多年被经济学人智库评为"全球最宜居城市"。

2008年，墨尔本被联合国教科文组织授予全球第二座"文学之城"的称号。2010~2017年，墨尔本一直稳居"全球宜居城市"排行榜第一名，成为全球唯一一座蝉联榜首7年的城市。墨尔本还被称为澳大利亚的文化首都，拥有澳大利亚最大、最古老的文化机构——墨尔本板球场、维多利亚国家美术馆、维多利亚国家图书馆和被联合国教科文组织世界遗产名录收录的皇家展览馆等。墨尔本还是澳大利亚印象派艺术、规则足球、影视文化产业和现代舞蹈的发源地。

此外，墨尔本也是澳大利亚的工业重镇和汽车生产中心，重型机械、纺织、造纸、电子、化工、金属加工、汽车、食品等行业都很发达，尤其是汽车工业，生产包括福特、丰田等在内的多个汽车品牌。

墨尔本在不到200年的时间里，实现了自然、人文与工业增长的和谐发展，成为"世界上最适合人类居住的城市"，这与其对城市本质的理解，科学细致的规划和市场化的品牌营销密不可分。

城市发展的核心问题是如何把握城市的本质，即城市的第一性原理。如果用一个问题来概括，那就是什么样的城市才是好的城市。简单说城市的好与不好不是看这个城市GDP有多高，不是看其面积、规模、人口数量有多大，不是看其吸引了多少投资，开发了多少园区，而是看其功能是否满足了城市居民的发展需求，他们是否在这里有高质量的生活。这才是城市的第一性原理。

城市因人而建，这是墨尔本城市发展的基本理念，在《墨尔本都市区战略规划（2017—2050）》的开篇，就有这样的阐述，"我们已成为全世界最宜居、最多元的城市之一，其成功的基础来自人民。如果没有移民人口带来的新群体和新想法，我们不会像今天这样如此繁荣和富有"。

城市，为人而建，这是墨尔本对城市发展本质的理解。在《墨尔本都市区战略规划（2017—2050）》中，墨尔本明确提出城市发展的本质是为了满足人们对工作生活需求的变化："墨尔本这座城市是由人来定义的，由我们工作与生活的方式来定义，由我们从一个地方移动到另一个地方，并且产生的相互作用而定义。这是为什么城市发展必须要去适应人们的变化。城市要保持活力，关键是两点——发展与持续。紧跟居民需求的变化，来决定发展的方向；保持对人们产生吸引力的原始特征，来决定持续的方面。"

墨尔本在200年的发展历程中，寻找到了城市发展的意义源头，一切建设都要围绕满足人们的需求进行。从本质来思考城市，用第一性原理来思考城市的发展。

基于发展要满足居民需求的理念，城市管理者需要从纷繁复杂的建设和治理工作中理出头绪，找到最切合实际的居民需求。为此，墨尔本抓住了一个关键词——人口变化。

2016年，墨尔本根据过去25年的人口数据变化，推算出到2036年墨尔本人口数量将突破600万，到2050年接近800万，墨尔本所在州维多利亚总人口将达到1000万，届时墨尔本将超过悉尼成为澳大利亚第一大人口城市。①

基于这样一种人口变化数据，围绕如何应对未来35年出现的人口增长所引发的居民需求变化，墨尔本从就业、住房、交通、环境，社区营造几方面入手，围绕与居民工作生活息息相关的方面，制定了城市发展战略政策优先级规划。

就业方面，计划从2017~2050年为变化的劳动力市场创造出150万个就业岗位；住房方面，要在人们希望居住的地方建造160万套住房；交通方面，要保证墨尔本市的交通网络能够为每天约1000万人次的出行提供保障，这也就意味着35年间城市交通用率要提高80%；环境方面，墨尔本预测将会有更

---

① 资料来源：《墨尔本都市区战略规划（2017—2050）》。

严重的高温和更长的干旱天气出现，因此要在 2050 年实现全市碳排放为 0，并且要提高应对森林火灾、风暴洪水等极端天气的能力，社区管理方面要继续维护社区的宜居性，打造 20 分钟可到达的社区环境。

墨尔本意识到过去的发展历程使墨尔本成为一个拥有多元文化和高度包容能力的全球城市，宜居、实惠、运动和创新也已成为墨尔本的品牌标签，接下来要向哪个方向发展关系到墨尔本能走多远，更关系到在全球城市中的定位。

基于这样的考量，墨尔本打破了"宜居、繁荣和魅力"的定位，提出更新后的发展愿景——"一个充满机遇与选择的全球化城市"，并提出八大发展战略：①一个独特的墨尔本；②一个具有全球联系和竞争力的城市；③一个与维多利亚地区相连的中心城市；④一个具有环境修复能力和可持续的城市；⑤居住本地化，20 分钟可通达社区；⑥社会和经济的参与；⑦强壮和健康的社区；⑧基础设施投资支持城市平衡增长。

以上发展战略是在继续保持墨尔本地区特性的基础上，寻找到的城市增量价值。这有助于墨尔本应对即将到来的人口增长挑战，并创造新的发展机会。因此，墨尔本从战略到实施，进行了周密、合理的规划。

城市规划由一系列复杂的统筹决策组成，战略描述不足以支撑规划的落地实施，因此规划需要在战略导向的基础上，从蓝图式的规划设计转变成以政策为导向的文本。规划的核心不是空间土地的谋篇布局，而是具体实施的准则和步骤。

因此，在《墨尔本都市区战略规划（2017~2050）》中，墨尔本不仅制定了城市发展目标愿景与实施战略，还制定了 5 年为一个更新周期的执行规划。该执行规划系统阐述了墨尔本在未来 35 年实施规划过程中，需要遵守和执行的 9 项原则、7 项结果、32 条路径和 90 条政策。这份执行计划也是墨尔本相关部门、管理者、开发商、居民等群体用于工作参考的行政准则。

墨尔本的发展有目共睹，宜居、包容、活力是墨尔本作为国际化都市的优势标签。然而，与世界上几乎每一座城市面临的问题相同，墨尔本如何让优势标签转化为城市品牌优势？如何将城市的优质资源，转换成能够为城市发展带来促进和增长的引擎？

墨尔本以城市营销为抓手，通过整合营销传播策略来解决这些问题。

第一，洞察市场机会。

早在 2013 年，墨尔本城市营销部门在进行了广泛的市场调查后意识到，与其他许多因为自然美景或历史文化而闻名的城市相比，墨尔本并不占绝对优势。那么，墨尔本的品牌优势在哪里？他们瞄准了一个方向——在墨尔本能够体验到"受到别人羡慕的"、与众不同的故事和经历。基于这样的方向，墨尔本城市营销部门在 2013 年做出《墨尔本城市营销策略 2013—2016》的战略规划。该规划从市场营销战略作为突破口，将墨尔本定义为购物、餐饮、文化、体育、音乐、艺术以及娱乐、休闲和知识供给等新兴市场人群的首选目的地。并且，针对新兴市场人群对社交平台的使用偏好，做出了品牌承诺：你的每一次来访，都会留给你一个值得分享的故事。

在此基础上，墨尔本将城市品牌愿景定义为"与众不同"，通过推广能够打动人心的、有趣的城市体验和城市产品，来增加墨尔本的到访数量，使墨尔本成为"平庸生活的解药"。

第二，锁定目标市场。

墨尔本锁定了目标市场人群的特征：喜欢主动搜索和寻找自己感兴趣的产品、服务和活动的人，对新鲜事物充满好奇并积极尝试的人，当找到自己喜欢的产品服务或有了美好体验后，一定会与其他人分享的人，喜欢社交的人。通过对这类目标受众的特征分析，墨尔本营销部门将这些人统称为"好奇阶层"。

城市营销部门进一步分析得出，"好奇阶层"不按年龄定义自己，他们更关注在日常工作、学习、生活之外，选择做些什么有意义的事情，他们喜欢寻找新的体验和经历，从而让自己的社交生活变得有趣和不可预测。常规性和舒适性不是他们在城市里寻找的重点，而与众不同的体验，获得以前不知道的知识，才会让他们兴奋并乐于对外传播。

因此，针对"好奇阶层"做体验营销，成为墨尔本城市品牌营销的核心主张。

第三，开展场景营销。墨尔本营销活动旨在通过一系列"墨尔本瞬间"来打造来激活人们的兴趣——发现墨尔本。

为实现这一目标，需要为人们提供多样的城市资源，将这些资源打造成意想不到的非凡体验，这样才能确保到访目标人群能够主动传播并激励更多的人来到墨尔本。为做到这一点，营销部门第一步，先将墨尔本能够提供给人们的体验做了分类，分别是饮食、咖啡文化、独立艺术、节庆活动、现场音乐、露天市场、体育运动、购物等。第二步，他们深入评估以上城市产品和资源能够怎样做到"与众不同"和"远离平庸"。在这样的思考下，他们对城市资源从场景上进行了规划和提炼。

场景化的营销组合，目的是让到访者无论在何种情况、何种心情下、跟谁在一起，都能够在城市里找到属于自己的"墨尔本时刻"，并且营造出在墨尔本有无限隐藏的地方等待你去发现、去体验、去创造的城市氛围。城市营销部门从企业、店铺、街道、市场等场景和能产生互动关系的体验中获取这些信息，借助新媒体渠道进行推广和分享，通过组合营销模式开发出与"墨尔本瞬间"调性相符的营销活动。

第四，构建品牌传播体系。

墨尔本营销部门通过"墨尔本瞬间"计划开发出一个具有一致性的营销品牌"M"，这一品牌形象应用于所有营销场景。此外，自 2007 年开始，墨尔本城市营销部门将传统营销活动，如印刷品、电视广告投放等，向数字营销模式转变，发展至今已经实现了全媒体数字营销。由 2013 年开始推进从数字营销向内容营销的转变。

在向数字媒体和社交媒体过渡的过程中，墨尔本通过举办连续性的营销活动，增加能够提供给市民和游客的体验性活动和事件，把最受欢迎的城市资源打造为权威信息内容。

最重要的是，墨尔本城市营销部门开展的数字营销计划，将本地企业主设定为重要的参与主体。一方面，向本地企业主开放官网后台，便于他们提供活动信息；另一方面，开设讲座、研讨会和 1 对 1 辅导，指导当地企业主在数字和社交媒体上建立与目标受众的交流平台，使他们能够从墨尔本城市营销的活动中受益。同时，他们提供的服务和体验，能够迅速有效地转化为墨尔本城市营销的具体内容和信息，丰富墨尔本城市营销内容和活动，并实现商业变现，直接促进当地商业的发展。

第五，墨尔本的视觉传播与赛事营销。

如果说城市规划是将城市优势资源进行归纳与延展，那么，城市整合营销传播就是将城市优势资源进行品牌化梳理，寻找到他们的"卖点"。而城市形象的构建，则是将城市优势资源用视觉化的方式表达出来，让他们能够以具象的方式传播得更远。

墨尔本最早的城市标志是以树叶为美术馆柱子组合成字母 M 的形态，树叶表示墨尔本的环境优美，美术馆柱子代表墨尔本丰富的文化底蕴，整体呈灰色基调，想要表达的是墨尔本的历史感，从 20 世纪 90 年代开始，这个标志使用了约 15 年的时间。

2009 年，墨尔本结合多元、创新、宜居、生态的城市定位，进行了形象标志的更新。这个新的标志耗费 24 万澳币，由全球著名品牌顾问机构 Landor 设计，延伸了墨尔本城市营销过程中打造的"M"品牌形象，通过全新的标志设计，墨尔本以现代化的视觉语言向全世界展现了活力、新潮与个性的城市形象。

标识的作用是强化品牌，墨尔本新版标志出炉以后，被应用在公共设施、节庆活动、街道、交通票、宣传册等城市的各个角落，同时新版标志还被应用到墨尔本在世界各地的宣传推广活动中。看到色彩鲜明、元素多变、简约多变的墨尔本城市标志，人们就能明确辨识出墨尔本的品牌形象和独特时尚的城市风貌。

第六，体育赛事助力墨尔本城市营销。

20世纪90年代后期，墨尔本开始重点发展体育赛事产业。

墨尔本体育赛事分为两部分，一类是每年固定在墨尔本举行的国际重大的体育赛事，另一类是墨尔本自己申办的体育赛事，两类的共同特点是级别高、受众广。以2015年为例，在墨尔本举办的就有世界四大体育赛事：澳大利亚网球公开赛、世界一级方程式大奖赛、世界摩托车大奖赛、世界杯板球赛。

对于体育赛事的定位，墨尔本将其并入旅游资源的开发当中，积极寻找体育赛事与墨尔本旅游资源的协同发展路径，经过多年的探索和实践，墨尔本形成了利用体育赛事带动墨尔本空间资源合理配置、旅游资源不断扩充的发展模式，使墨尔本成为全世界体育迷们首选的短期度假胜地。

第三节　占据高点，把控未来

科技是第一生产力。每一次技术革命，必将带来生产力的巨大进步，每一次技术革命，也必将孕育出一批巨型公司，从工业时代的福特、通用电气、埃克森美孚，到信息时代的IBM、英特尔、微软，再到数字化时代的苹果、谷歌、亚马逊，都是科技进步结出的成果。城市品牌营销，必须结合时代潮流、行业趋势、科技热点，才能占据高点，把控未来。

日本投资家孙正义认为，过去二三十年，互联网是最大的发展趋势和方向。而未来30年，是人工智能（AI）和物联网（IOT）的天下。那么，城市品牌营销，必须充分考虑这一趋势发展。

此外，在互联网预言大师凯文·凯利20年前的作品《失控》中，便已提前预见了移动互联网的商业应用：物联网、云计算、虚拟现实、网络社区、大众智慧等。这对我们把握未来城市品牌的营销大有启发。

凯文·凯利认为，与 30 年后相比，现在的我们仍一无所知。所有的东西都在不断升级，所有的事物都在不断进化，所有的一切都处于流动状态，都在不断地改变。

此外，凯文·凯利还认为，一个屏读（Screening）时代即将来临——任何一种平面都可以成为屏幕。屏幕无处不在，看的书是一个屏幕，接触的所有平面都可以是一个屏幕，甚至人的衣服都可以当成屏幕。

不同的屏幕之间形成生态系统，不仅我们看他们，他们也在看我们。屏幕可以跟踪眼神，知道我们注意力聚焦在哪儿，重视什么，然后改变屏幕上呈现出来的内容。

还有一个重要变化，就是大数据时代的来临。

我们发现，全新的东西其实很少，大多数创新都是现有事物的重新组合。这种重组就是"重混"。做重组或者重混时，首先要做一个拆解，把它拆解成非常原始的状态，再以另外一种方式进行重组，之后不断进行这样的循环。

作为传统时代营销利器的报纸也是一样，报纸是一个组合，将不同的东西组合在一起。互联网也是将不同的信息组合在一起。企业想要升级，需要拆解企业的构成，再进行重组，在重组的过程中产生新事物。

再过二三十年，新新人类无论去哪儿都不用带东西，去任何一个酒店，他们都会提供你想穿的衣服，你穿完后留在那里，酒店会帮你清理好。甚至连手机都会消失，因为你走到哪里都会看见平板，平板可以认出你是谁，然后变成你的屏幕。整个世界都是你的，它非常了解你，你需要什么就给你提供什么，想去哪里都可以。不需要行李箱，不需要任何东西，去哪里都有相应的服务，就像是新型游牧民族，不需要携带，游走世界。

我们看到，物种进化过程中要不断思考如何来提升适应度，适应度弱的物种就会被淘汰，高适应的物种就会存活下来。因此，城市品牌要不断把握未来发展的趋势。

第四节　构建壁垒，打造战略新品

竞争壁垒的构建是商业模式及品牌营销当中不可或缺的重要环节，缺乏强有力的竞争壁垒，是很多企业短暂辉煌之后即陷入困境的根本原因。

与2019年相比，2020年虽然受新冠疫情影响，但仍有49%的旅游人次和38%的旅游消费存量。都市旅游、郊区旅游，以及自驾出行、家庭旅游、品质旅游成为新亮点。

受消费心理趋于谨慎的影响，居民出游距离和目的地游憩半径收缩。2021年春节假日期间，游客平均出游半径为133.9公里，目的地平均游憩半径尽管同比增长了49.9%，也只有7.6公里。无论是游客人数，还是消费量，都在向中心城区聚集，呈现明显的"热岛效应"。[①]

在此背景下，上海春秋的"微旅游"、中旅旅行的"故宫以东"等新产品受到本地市民的追捧。经过长时间的市场培育，市场逐渐养成都市旅游和文化休闲的消费习惯，已经开始改变过去重远轻近、重景轻文的格局。

数据和案例表明，本地休闲和近程旅游同样具有深厚的市场基础和广阔的发展前景，并将重塑旅游业的新发展格局。

需求和市场变化了，供给和产业格局也要做相应的变革，这样会带来更多面向都市休闲和近程旅游的产品创新和业态创新。

在都市休闲的场景中，游客既是客人，也是主人。在都市休闲时代，游客广泛进入城市的公共空间和市民的日常生活场景。城市居民常用的打车、订餐、支付等APP，开始为越来越多的外来游客所使用，加上公寓式酒店、短租公寓和城市民宿等不同于星级酒店的旅游住宿选择，游客在目的地的生活场景和消费行为越来越具有城市主人的特征。

---

① 资料来源：《2021年旅游经济运行分析与2022年发展预测》。

2021 年春节期间，广州市推出的"广州过年，花城看花"活动，更是将游客作为城市主人身份的主动迎合。候鸟式养老者、自由职业者和旅行居住者让三亚、海口、深圳、珠海等城市的季节性旅游者更加具有主人的身份。

以上案例表明，主客共享的美好生活新空间，是都市旅游在新发展阶段的核心密码，也是新发展格局中旅游市场要义所在。

适应旅游组织散客化、旅游消费休闲化的新需求，无差别开放从戏剧场到菜市场的市民生活和公共休闲的全部空间，让游客拥有更多的主人感，是新时代都市旅游发展的新理念。

城市定位要注重打造差异化的战略优势。以旅游项目为例，旅游产品的形成赖于旅游资源地和客源地的差异化，最初的旅游产品未必经过规划和开发，因为资源本身就是差异化的，故而在观光旅游的初级阶段，旅游资源本身就是产品。

随着竞争态势的加剧，建立在差异化资源基础上的旅游产品规划设计成为必然。直到近几年，随着我国休闲旅游时代的到来，蕴含文化精神层面的旅游需求逐渐旺盛，基于不同市场、不同旅游资源，以及赋予特殊创意的非同质产品成为旅游发展的先导与引领。

但是，旅游市场会因为消费者的审美需求、消费需求而变化。因此，旅游投资者、运营者应注重创意、创新和创造，而非一味模仿和克隆，在这种态势下，求变、求异、求特成为旅游发展的至理真谛。

当下许多投资机构对文旅项目持观望态度，因为近 3~5 年市场鲜少见到真正成功的文旅投资案例，文旅创业项目能够实现上市的企业更是凤毛麟角。

1. 门票转变

长期以来，大量传统景区营收结构单一，主要收入来源就是景区门票、索道、车辆交通等基础性项目，景区对门票的依赖程度日渐提升。

正因如此，在景区免门票的大趋势下，一些观光类且二次消费能力弱的景区深受打击。但也有一些景区积极寻找出路，"缓慢放弃"门票收入，转向对景区二消市场的不断探索。

2. 产品转变

"门票依赖症"的核心问题是，景区过去主要秉承的是"景点旅游"的单一化模式，二次消费产品稀少，从而导致了营收数字以门票收入为主，营收结构单一。在山岳型景区中，更是如此，"门票+景区客运（索道、景区观光车）"的营业收入，单一的营收结构依然是景区的老大难问题。

不过，随着"全域旅游"和"景区综合体"的概念逐渐普及并深入景区运营之中，多元化业务被更多景区重视。不过，景区走的弯路也不少，例如，不断出现的网红产品玻璃桥、滑道、热气球、呐喊泉、网红秋千、摇摆桥、小火车……这些项目的缺点也很明显，容易造成审美疲劳和安全事故，景区热度也会随之迅速降温。当下，更多的景区开始打造升级产品，如长沙和广州超级文和友、武汉知音号、大唐不夜城等，它们更注重场景与体验的浓缩与营造。

3. 服务转变

文旅部数据中心发布的《全国"互联网+旅游"发展报告（2021）》显示，在线旅游消费总额已达万亿级。面对如此巨量的消费市场，对于景区而言，抓住这一趋势势在必行。

因此，在江浙沪等智慧化基建普及程度较高的城市，不少景区已经开始转变。以杭州的西溪湿地为例，购票之后，凭借着一张身份证便可以在西溪湿地不同出入口畅行，甚至还可以乘坐游船。越来越多景区更是推出线上预约、线上购票等一系列数字化转型措施，使景区服务更为轻便智能。

在此背景下，智慧化也成为越来越多景区的标签之一。值得注意的是，针对不同类型的景区，智慧旅游的实现需要不同的发展路径，不然容易再次陷入"同质化"的僵局。此外，数字化并不意味着冷冰冰且无人味的僵化服务，而是在提供便利的同时，能更好地为旅行者提供服务。

4. 转变传统思维

对于景区而言，首先要打破原有的"景点思维"的认知边界，转向"文旅目的地思维"。减少对原本景区中单一资源的依赖，强调整体生态的协同前行，只有思维转变之后，景区才能更好地持续发展。同时，还要转变传统的营销方式，在移动互联网时代，充分运用大数据、云计算、人工智能、区块链、5G、CHATGPT 等代表新一代信息技术的营销方式，开创营销新局面。

5. 拒绝网红崇拜

网红在城市品牌营销中起了重要作用，但城市品牌管理者不应迷信网红。网红项目大多时候只能给景区带来短暂的知名度，并不能演变成长期的盈利模式。这种昙花一现的模式是不可持续的。尤其是一些网红项目的频频翻车，对景区反而是一种伤害。

摆脱了一些稍纵即逝的旅游项目的干扰之后，通往理想产品规划的道路上，景区需要与在地文化并肩。对于不同的景区而言，在产品规划方面有所不同。例如，自然景观类景区，可以通过山岳为核心，配建体验性产品和休闲型产品，使其成为一个相融相生的共同体，成为一个目的地。

6. 与时俱进，关注新兴客群

在此之外，景区创造生活方式还有一个必须重视的文化注脚——酒店。对于酒店，日本建筑大师原研哉认为，一家出色的好酒店是对当地最好的诠释，代表着经过咀嚼的地方特色。在帮助人们出行、安全的过夜、恢复体力和提供良好的睡眠的基础功能之外，酒店更是一种咀嚼诠释当地潜在的自然，通过建筑向住客鲜明并且印象深刻地展现设施，即景区独有居停风貌的"传话人"。

景区从确定风貌，到搭建产品框架，再对细节的不断打磨，要不断满足新兴客群与时俱进的时代需求，绝不像过去那么简单直接。随着文旅融合的大趋势，国有资本、民营资本势必会进入这个行业的转型建设之中，未来景区作为文旅产业的一个重要载体，必然会发生翻天覆地的变化。

对很多人来说，战略新品并不陌生，它和互联网思维一样，几乎无处不在。要想成功打造战略新品，就必须对"爆品思维"有所了解。甚至可以认为，"打造爆品"就是一种思维模式，是多种思维的集合体。

互联网时代，战略新品变得越来越重要，互联网环境下，没有战略新品，企业将很难生存下去。互联网时代的生存法则，关键在于集中所有资源打造爆品，抢占第一的位置，这样才有活下去的机会。

战略新品需要爆品思维，它是资源和认知构建的聚焦策略，通过爆品的推广，向消费者传达品牌的核心价值、品牌形象。同时，爆品战略思维也是一种产品组合升级赋能策略，爆品打造成功后，可以打响品牌，再通过品牌赋能其他系列品种来快速发展产品线，爆品带动、组合制胜，这才是品牌发展的极佳路径。

战略新品也是传统企业转型互联网的商业解决方案，是互联网营销制胜的终极武器。战略新品是占据品牌制高点的一条捷径，并不是所有卖得好的产品都是战略新品。战略新品首先要求是爆品，一是能够引爆市场；二是能够精准把握用户的需求和找到一线痛点；三是销量远超竞争对手；四是创造全新产品体验。

对城市或新兴的特色小镇而言，不仅要有产业，还得有核心和主导产业。

城市经过品牌化运营，被推销和传播出去了，游客也都来了，热热闹闹一段时间之后，但城市的产业依然还是没有起来，这不是特色小镇城市所追求的。城市要做品牌、要发展，就要有独特性的主导产业。除了主导产业，如果有号召力的龙头项目，将为城市添色不少。

第五节　场景再造，重新定义城市

2020年1月1日，华为首个授权智能无人售货店在武汉光谷新发展国际中心启用。华为智能无人售货店通过与第三方机器人公司库柏特合作，充分利用工业机器人技术，实现了仓储—展示—销售—盘点—库存反馈—SKU优化等整个链条的智能化与无人化管理。这是无人零售中对人—货—场关系的进一步重构。

当下，很多旅游景区采用 5G 宅家游景区，包括故宫、敦煌等，通过应用 5G 技术让大家足不出户就可以去畅游世界。

人们在大部分情况下，可以通过在线获得信息，以及人际交流来解决生活问题，甚至通过调整自己的情绪与心境解决问题。大数据与人工智能在商业中发挥着越来越重要的作用。对于拥有线上平台的企业来说，危机管理的能力就比较强，一些不具备线上平台但有数字化能力的城市，正在与平台快速对接，找到自己的机会。那些没有数字化处理能力的城市，面临危机的可能会束手无策。因此，只有打造数字化城市，才能提升抵御风险的能力。

城市数字化能力的构建，打造城市数字化核心能力，主要包括城市数字化基础设施建设、数智化应用、大数据分析等。相对于计算、存储、网络等过往的基础设施，数字化基础设施则涵盖了人工智能、区块链、物联网等新 IT 技术能力。疫情后，加快向感知型、敏捷型组织转型，夯实数字化基础支撑，提升城市数字化核心能力，将是城市应对不确定、动态环境的必然选择。

文字、图像、声音、音频、视频、符号等都是数据，通过对各类 AI 数据的技术应用，区块链、人工智能、5G 等技术将会越来越成熟。

借助数字化的力量，我们不仅能更好地应对危机，而且可以为城市长期发展带来更多的助力和增长点。

目前，基本上所有的企业都有自己的数据库，利用数据库的资源进行数字化转型为企业赋能，这是未来企业努力的方向，也是企业在新的商务模式下的生存之道。

城市数字化的转型，其实就是在移动互联网、人工智能趋势下，以消费者为中心，重构人货场竞争赛道的过程。由于互联网的发展，销售由线下往线上迁移。近些年，随着智能手机的普及，越来越多的线上销售在移动终端上就可以完成。

第六节　从粉丝到私域流量

伴随移动互联网的快速发展，个体消费者的影响力显著提升，消费者的消费权利和个性得以充分释放，而受日益碎片化的渠道以及资讯入口的影响，用户的注意力也变得越发分散，难以聚焦。在这样的商业背景下，对于任何一家企业来说，拥有一批聚焦关注企业品牌的忠实粉丝就显得尤为重要。同样地，粉丝忠诚度的构建成为城市竞争中非常重要的一环，城市必须强化粉丝互动。

未来的城市品牌只有两种，有粉丝的城市品牌和没有粉丝的城市品牌。显然，没有粉丝的品牌在竞争中将会非常被动。

粉丝究竟是什么？每个人都有自己的答案。我们用一句话来定义：粉丝就是支持者，是与你有情感链接的人或者组织。简单地说，粉丝就是认同你的价值观和文化，喜欢你、支持你、追随你，并到处宣扬和赞美你的人。这是以一个以"人"为本的新商业时代，无论对个人还是城市，粉丝无疑都是一笔宝贵的财富。因此，获得用户的好感和信任，将用户转化为粉丝，就成了许多城市管理者的当务之急。

在凯文·凯利提出的"1000 铁杆粉丝"原理中，"铁杆粉丝"就是具有终身价值的超级粉丝，粉丝思维的目的就是打造顾客终身价值，只不过与传统分众行销等手段相比，粉丝思维更强调顾客与品牌的情感交流，在此基础上的口碑价值是新的营销环境下对城市顾客终身价值的继承和发扬。

对于城市品牌而言，通过粉丝营销，进而链接私域流量变得越来越重要。

私域流量，这个词在 2019 年开始火了起来。但早在 2015 年，正值淘宝电商时代，很多淘宝品牌商家会在发货时在物流箱里面放置引流小卡片，如扫码添加微信、好评返现等活动，就是淘宝商家在进行流量私有化的过程。

私域流量是相对于公域流量而言的。理论上私域流量是任何人都可以接触到的流量，而公域流量属于公共空间，要想让公域流量里面的群体关注你，要么花钱买，要么用资源换，公域流量属于大家共有的。私域流量属于企业、门店、个人自己的，可以随时、自由、免费使用与触达，沉淀在一定私有空间的流量。

美丽说和京东联合推出了"微选"平台，致力于用微信生态帮中小企业打造私域流量池。私域流量的不断崛起，意味着互联网用户管理进入"精细化"时代，这将为互联网行业带来新的发展机遇，吸引了不少创业者及资本入局。

除微信外，短视频也是私域流量的重要阵地。2019 年 11 月 28 日至 29 日，Marketing Summit 2019 全球营销商业峰会上，蓝色光标集团执行副总裁、蓝标传媒 CEO 潘飞在发表主题演讲时表示，目前，短视频在 65 岁以下人群中的渗透率达 60%+，用户每日使用时长超过 5 小时。

伴随着 5G 的来临，短视频会重新定义用户、内容、时长以及营销模式，不仅呈现万物皆媒的新形态、更具沉浸感和参与感的新体验，还会重新构建人才体系和行业标准，对短视频内容产生影响。短视频将成为私域流量的优质流量池。

当下，互联网营销的成本越来越高。无论是互联网巨头、一般中小企业还是城市，都需要更精细化的运营，以实现降本增效。从用户角度来看，新一代消费主力人群的消费需求呈现品质化、社交化、个性化的特点，他们更加注重消费全过程中的体验。对互联网平台方来说，鼓励营销方去发展私域流量，能有效盘活平台方的流量，并进一步挖掘用户价值，有利于平台更好地实现商业化。

城市管理者如何找到自己独特的差异化优势，如何成为某一细分领域的冠军，进而通过事件营销引爆全网关注，这对于城市品牌宣传是一个重要的课题。

【案例】西安：出圈背后的逻辑

从西周的都城镐京到秦都咸阳，从西汉的都城长安到大唐长安，西安在岁月的长河里留下了十三朝古都的历史沧桑巨变！即便是今天，古城区内的钟鼓楼、城郭东南角的大雁塔、骊山脚下的秦始皇兵马俑，以及错落分布的周、秦、汉、唐四大古都遗址，依然能勾勒出清晰的"长安情结"。

在秦始皇陵及兵马俑申请世界遗产成功后便明确了"世界千年古都、华夏精神故乡"的城市定位。西安以"中国西安、西部最佳"为城市营销纲领，以"文化古都、丝绸之路和科技之都"为城市营销基点，以"品味西安、感知中国"为城市营销口号，强力突出在旅游、区位和科教三方面的优势，从形象定位、旅游推荐、投资促进、节会庆典、营销口号五个方面创建六个西部最佳（社会治安环境最佳、投资创业环境最佳、旅游购物环境最佳、文化教育环境最佳、科技创新环境最佳、休闲居住环境最佳等）来营销城市。

2012年，西安启动实施了文化科技创新工程，推动文化与科技产业的联合发展，力促文化与科技融合，也对西安的城市形象定位进行了更精确的调整。同时，西安将城市定位与系列指标相结合，着力城市经济发展水平、城市国际化程度、城市法制建设、城市政务信息公开、城市行政效率、城市公务员廉洁程度、城市文化生活、城市个性和特色、城市市民素质、城市社会治安、城市幸福感、城市工作和生活、城市环境与资源节约等方面的城市营销基础建设，获得"2013中国最具幸福感城市"荣誉。2013年，西安围绕"华夏故都，山水之城"的城市形象，将"国际一流旅游目的地""世界东方文化旅游之都""华夏文化旅游圣城"定位城市建设和营销的三大战略目标，旨在2020年前打造"世界大遗址之城""中国博物馆之城""华夏文明复兴之城""中国最佳历史文化旅游城市""中国（西部）会展之城""中国宜居之城""全国散客旅游最方便城市"的系列城市新名片。

　　在旅游推介方面，西安主要围绕营销古都和文化元素，打造"千年古都，华夏源脉，丝路起点"的国际旅游城市形象，通过节会、网络、宣传片、地标等方式推介。西安于1990年举办首届中国西安古文化艺术节；于2000年创办首届西安丝绸之路国际旅游节；于2004年由西安旅游局官方建立西安旅游网；于2005年建成我国第一个全方位展示盛唐风貌的主题公园——"大唐芙蓉园"；于2006年将西安市旅游局和外宣共同策划制作的西安旅游宣传片投放中央电视台黄金时段；于2012年在山西省太原市、广东省广州市举办西安旅游推介会；于2014年举办中国西安丝绸之路国际旅游博览会，并邀请联合国世界旅游组织丝路部主任艾拉·裴勒索娃和国际旅行商参加，全力培育和打造"丝绸之路起点旅游"品牌，并于洛阳举办旅游推介会，促进两个城市旅游共同发展。

　　在营销口号方面，西安根据不同的市场将城市营销口号进行了细分：较为通用的旅游宣传语是"华夏源地，千年帝都，丝路起点，秦俑故乡"；针对国内市场的营销口号是"西安：周秦汉唐·为你典藏"；针对国际市场的短期营销口号是"西安：兵马俑的故乡"（Xi'an, Home of Terra Cotta Warriors）；针对国际市场的中长期营销口号是"古都西安：中华文明源脉"（Ancient Xi'an Cradle of Chinese Civilization），通过不同的营销口号突出不同的城市特点，最大限度地吸引游客、推广城市。但由于缺乏统一的城市营销口号，城市营销不能系统化，使西安的城市营销略显美中不足。西安市旅游局于2012年6月面向社会开展了西安旅游宣传口号征集活动，并于2013年确定西安旅游宣传新口号为"品味西安·感知中国"，将西安定义为中国文化的集大成者，是国人和世界全面了解中国的重要窗口，极大地提升了西安的文化影响力和对世界的吸引力①。

　　"西安年·最中国"是城市营销的典范。起初是西安市政府集全城之力推出的一场城市营销活动。活动于2018年春节期间首次亮相，现已建立活动长

---

① 谢语蔚．多元媒体时代大都市城市形象的建构与传播［D］．西南政法大学硕士论文，2021.

效机制，成为西安城市文化的品牌IP。

"西安人的城墙下是西安人的火车……"如果你还记得那个火遍抖音的"摔碗酒"短视频，那么你对"西安年·最中国"就不陌生，因为它就是在西安年活动的背景下诞生的"网红点"。"西安年·最中国"的成功远不止于此。据统计，由于"西安年·最中国"品牌的成功打响，2018年春节假期，西安共接待游客1269.49万人次，同比增长66.56%，实现旅游收入103.15亿元，同比增长137.08%，旅游接待人数和旅游收入均创历史新高，而且这种效应延续了一年。

"西安年·最中国"最大的亮点是它的文化整合力。借春节这一传统节日的契机，西安集合了全市文化资源，除了丰富的历史文化和特色民俗文化，还包括区域的地域文化、节庆文化、体育文化、时尚文化等。

曲江大唐不夜城作为"西安年·最中国"的核心景区，是活动的特色亮点。2018年的西安年，曲江用一场流光溢彩的灯光秀、一个欢天喜地的大舞台、一次潮流混搭的大巡游，向世界展现了一个传统与现代交织的新西安。2019年的西安年，曲江继续围绕西安年"最中国"的核心内涵，以大唐不夜城·新唐人街为中心，联动西安城墙景区、大明宫国家遗址公园、楼观道文化展示区等景区，为全民打造立体化、国际化、多产业融合、全年龄参与的新春狂欢季。西安的中国年，是世界共享的中国年。

西安是古代的长安城，是十三朝的古都，这座城市所蕴藏的历史文化，是其与生俱来的优势价值。"西安年·最中国"则借助灯光秀、无人机等现代化科技进行展示，向游客呈递了一个从大唐盛世走来的新西安。

"西安年·最中国"是西安市立足于古城深厚的历史文化底蕴，结合中国的传统节日春节，策划开展的一系列城市营销活动，西安市统计局数据显示，2018年春节假期西安共接待游客1269.49万人次，同比增长66.56%，实现旅游收入103.15亿元，同比增长137.08%；携程网、去哪儿网联合发布"2017年度中国旅行口碑榜"，西安超过成都、杭州等实力强劲城市，名列上海、北京之后，跻身全国第三。驴妈妈网发布的《狗年春节出游盘点报告》显示，西安位居十大国内长线旅游目的地城市第四；假日期间，央视《新闻联播》等栏目先后 15 次对西安大唐不夜城"现代唐人街"、大唐芙蓉园灯会等活动进行了报道。通过这几组数据，我们发现西安市在旅游接待人数和旅游收入均创历史新高，较往年有大幅度的提升。

为什么西安的此次城市营销活动能取得如此大的成就？总体来看，此次城市营销活动体现了全市一盘棋的思想，充分利用西安得天独厚的历史文化资源和品牌，精准抓住了传统节日春节，巧妙运用了各种传播手段。

2018 年 1 月 8 日起，由西安市旅发委牵头，联合曲江新区、西旅集团、汉城湖景区等多部门，先后赴北京、天津、广州、厦门、上海、苏州、成都、贵阳等地开展"2018 西安中国年新春盛典暨新时代民俗文化年展"系列活动推介；在《北京晚报》《新民晚报》《南方都市报》《重庆日报》《燕赵都市报》《太原晚报》《济南日报》《潇湘晨报》《楚天都市报》《郑州晚报》《厦门晚报》《南京日报》12 家报纸发布了"要过中国年，请到西安来"的主题宣传广告，诚挚邀请全国人民春节到西安来，来感受千年古都的氛围，体会最具传统的、最具年味的"西安年"。这是做好此次营销活动的有力抓手和重要手段。

大唐芙蓉园 300 架无人机的灯光秀表演更是把现代科技与传统文化完美地结合起来，把活动推向高潮，引来无数赞叹。这是聚集人气、吸引客流的根脉所在。

此次"西安年·最中国"活动以中华民族传统节日——春节为契机，通过一系列展示活动和文化盛会，发挥西安天然的历史文化优势，集中展示新时代下西安的全新形象，提升西安城市活力、时尚与魅力指数，诠释中华文化的精髓，引领节日新风尚，为西安建设注入新活力。

"西安年·最中国"充分运用纸媒、电视、网络、宣传册、LED 显示屏等多种媒介，打出营销组合拳。西安电视台、西安日报晚报、西安发布等全市各级微信、微博新媒体平台、网易客户端、头条等持续不断推送"西安年最中国"的主题宣传，编印《2018西安年·最中国——西安中国年新春盛典暨新时代民俗文化年展活动》宣传手册10万册，投放到星级以上宾馆饭店、各级旅游咨询服务中心、农家乐、民宿及商业综合体。西安注重微博达人、网络大V的影响力，成功策划组织了百名微博达人、大V在西安过中国年活动。截至2月21日15时，西安市旅游发展委员会搭建的微博话题"我在西安过大年"阅读量突破8400万人次，居全国旅游榜前三位。这是此次城市营销取得成功的重要力量。

从"西安年·最中国"活动案例，我们看到了历史文化也可以与现代化元素在城市营销中融合，以增强品牌活动的吸引力。

一方水土养一方人。比如，提到巴黎，我们想到就是浪漫之都；提到伦敦，就是时尚之都；提到中国香港，就是购物天堂……不一而足。一方水土也养一方品牌，受所在城市风格千百年濡染的品牌，便也形成了带有城市特色的品牌属性与风格，与城市风格相融共生，如法国品牌就自带浪漫情怀与高档光环。

从"千年古都"到"丝路科创中心"

未来，各城市之间的竞争将是科技创新的竞争。

未来产业的发展方向，不管是新基建，还是战略新兴产业，都是依托科技创新和成果转化。同时，哪个城市能够拥有科技创新优势，就必将能够聚集更多的人才。这也正是为什么各城市在"十四五"规划中均将科技创新作为主要内容之一，建设各种科创中心。①

对于传统的科研、高等教育大省陕西而言，在很长一段时间里陕西的这种科教资源优势并没有转化为经济优势，科教优势位居全国前列、经济实力位居全国中游，这也是西安的尴尬所在。在新的时代背景下，城市之间科创的竞争

---

① 张端. 基本建成具有国际竞争力的丝路科创中心［N］. 西安日报，2022-01-14（002）.

给了西安实现弯道超车的机会。

（一）背景分析

西安是国家明确建设的三个国际化大都市之一、全国第九个国家中心城市，被评为综合性国家高新技术产业基地、海外高层次人才创新创业基地、中国十大创新型城市、全球最具发展潜力新兴城市、国家系统推进全面创新改革试验区、国家自主创新示范区（西安高新区）等。

2014 年 1 月，国务院批复陕西西咸新区为国家级新区，作为我国首个以创新城市发展方式为主题的国家级新区，西咸新区依靠招商引资和创新创业两轮驱动，加快打造先进制造、电子信息、航空服务科技研发、文化旅游和总部经济六大千亿元级主导产业集群，现代化产业体系雏形初现。

2021 年 3 月 22 日，西安市人民政府发布的《西安市国民经济和社会发展第十四个五年规划和二〇三五年远景目标纲要》（以下简称《纲要》）把"坚持创新驱动发展，建设丝路科创中心"作为"十四五"时期首要工作任务进行谋划部署，提出要"坚持以全面创新改革试验区建设为牵引，以推动创新资源开放共享为突破，推动企业创新、人才创业、政府创优"，强调要"打造高能级创新策源地"。同时《纲要》提出坚持扩大内需这个战略基点，注重需求侧管理，全力推进重大项目建设，积极促进消费扩容提质，深度融入国内大循环，增强西安服务辐射西北地区和关中平原城市群能力，把"精准扩大有效投资""加快新型基础设施建设""建设国际消费中心城市"作为重要任务进行了安排。

2022 年 1 月 5 日发布的《西安市"十四五"科技创新发展规划》指出，西安在科技创新发展方面的目标是：到 2025 年，基本建成具有国际竞争力的丝路科创中心，争创国家区域科技创新中心，迈入全球高水平创新型城市行列，成为全球创新网络关键节点。①

---

① 李静，胡宏力，张运良．西安建设"一带一路"科技创新中心基础环境分析［J］．西安文理学院学报（社会科学版），2018，21（6）：82-85.

（二）案例分析

1. 区域环境因素

西安不仅是西部的经济中心，也是"一带一路"在国内段的起点城市和最大的中心城市，具有良好的产业发展基础和以第三产业为主导的产业发展结构，高新技术产业、旅游业、先进装备制造业、文化产业和现代服务业优势突出。从产业结构发展的状况可以看出，西安的发展质量有明显提升。[①]

2. 区域规划优势

目前，西安城市空间结构规划采取"多轴线、多中心、多组团"的空间发展模式，形成"三轴三带多中心"的大西安空间结构，实现从"单轴线、单中心"向"多轴线、多中心"的转变，从"城墙时代"迈向"八水时代"。多轴线中的第二条是科技创新轴，纵贯西咸新区。作为国家级文化产业示范区和西安建设国际化大都市的重要承载区，曲江新区坚持文化立区、旅游兴区、产业强区理念，不断厚植创新土壤，继续深化行政效能。西安把科技创新基地的建设放在重要位置，并将其纳入规划结构中，以"匠心+速度"，为创业者打造"满意+惊喜"的双创生态环境，助力这座"机遇之城"的建设和发展，可见区域规划优势对西安市科技创新的发展与繁荣具有重要作用。

3. 区域经济因素

西安市 2021 年国民经济和社会发展统计公报初步核算的数据指出，根据市（区）生产总值统一核算结果，全年地区生产总值（初步核算）10688.28亿元，按可比价格计算，比 2020 年增长 4.1%，两年平均增长 4.6%。其中，第一产业增加值 308.82 亿元，增长 6.1%；第二产业增加值 3585.20 亿元，增长 0.9%；第三产业增加值 6794.26 亿元，增长 5.7%。三次产业构成为2.89∶33.54∶63.57。全年人均地区生产总值 83689 元。非公有制经济增加值占地区生产总值比重达 53.5%。[②]

---

① 2021 年西安市经济运行情况［J］.西安市人民政府公报，2022（1）：40-45.
② 2021 年西安市经济运行情况［N］.西安市人民政府公报，2022-02-20.

从这些数据中可以看出，西安市的经济增长速度较快，经济社会发展稳中有进、稳中向好、产业结构不断优化升级，经济作为促进社会发展与进步的根本性要素，对激活科技创新的思路、加快科技创新的步伐具有至关重要的作用。

4. 政策环境优势

目前，从国家到陕西省、再到西安市都出台了许多与科技创新创业相关的政策，指明未来国家科技创新的指导思想、战略任务、总体要求、改革举措；围绕实施创新驱动发展战略做出了全面、系统、顶层的重大部署；创新性地提出了通过建立市场导向科技成果定价机制，提高科技人员职务科技成果转化收益比例等硬措施；形成了科技创新方面工作的管理办法。为了充分发挥陕西省科技教育资源优势，进一步推进产学研用深度融合，破解产业创新发展技术瓶颈和薄弱环节，构建全链条创新体系，打通科技成果转化应用到产业化通道，推动产业创新发展，2019 年 3 月，西安市科学技术局发布陕西省构建全链条产业技术创新体系推动产业创新发展若干措施。2019 年 4 月，西安市出台关于支持企业研发经费投入补助奖励办法。

5. 创新平台优势

西安科技创新活力充沛，两个"国字号"创新改革试验全面启动，科创投入力度加大，创新能力进一步提高，荣获"全国十大创新型城市"称号。西安市通过搭建平台助力"双创"，营造创新氛围，弘扬创新文化，调动更多科技资源支持科技工作者的创新创业活动，其中效果最为突出的是连续几年举办的"沣东杯"陕西省科技工作者创新创业大赛。大赛得到了科技工作者的一致好评，科技成果转化速度加快，70 多个项目通过产业园区、科技企业孵化器、创业投资机构成果孵化落地。参赛获奖项目"秦盾"云加密数据系统、太阳能 Wi-Fi 无人机、"卫星互联网"、机器人室内定位导航、"翱翔"系列微小卫星产业化、机械式电梯坠落减速缓冲救生装置等得到百余家全国知名投资机构的基金合伙人、知名投资人和市场的青睐追逐，取得了良好的经济效益。

（三）案例总结：结论与启示

第一，优化科技创新环境。西安市 2018 年国民经济和社会发展统计公报数据指出，西安市全年实施市级科技计划项目 178 项，国家级高新技术企业数 2139 家。国家级孵化器和众创空间达 25 家，孵化总面积超过 360 万平方米。西安应简政放权、深化科技体制改革，培育开放合作、多元发展的文化氛围，建立法制健全、保护产权的市场体系，为双创生态系统的顺利建设营造良好的科技创新环境。在众创空间培育和双创活动打造方面，曲江新区积极探索创新工作体制机制，精细落实，有的放矢。众多创业明星企业、团队纷纷涌现。西安文化科技创业城、曲江创客大街、北大科技园、华商传媒产业园及更多园区已形成强大的虹吸效应，势头迅猛，为实现双创高质量发展提供了强有力基础。

第二，完善科技服务体系，打造西安科技服务中心。促进科技服务机构运行机制市场化，大力发展民营科技服务机构，市场经济需要中介服务活动的社会化和产业化，要鼓励多种主体参与科技服务机构的建设。五年来，西安市研究与试验发展（R&D）经费支出持续增长，试验发展（R&D）投入强度（占GDP 比重）持续稳定在 5% 以上，全市专利申请量 46103 个，专利授权量 38279 个。

从西安市统计局发布的数据了解到，2020 年，西安市研究与试验发展经费投入继续保持增长势头，突破 500 亿元大关。规模以上工业研究与试验发展经费投入强度再创新高。2020 年，西安市共投入研究与试验发展经费 506.06亿元，比 2019 年增加 24.30 亿元，增长 5.0%。研究与试验发展经费投入强度（研究与试验发展经费与地区生产总值之比）为 5.05%，比 2019 年下降 0.12个百分点。投入强度高于全省 2.63 个百分点，高于全国 2.65 个百分点。

分活动类型看，2020 年，西安市基础研究经费 34.63 亿元，比 2019 年增长 15.2%；应用研究经费 103.55 亿元，增长 19.5%；试验发展经费 367.88 亿元，增长 0.8%。基础研究、应用研究和试验发展经费所占比重分别为 6.8%、

20.5%和72.7%。

分活动主体看，各类企业研究与试验发展经费支出219.14亿元，比2019年增长2.9%；政府属科研机构经费支出230.47亿元，增长8.6%；高等院校经费支出53.95亿元，下降1.0%。企业、政府属科研机构和高等院校经费所占比重分别为43.3%、45.5%和10.7%。

分产业看，规模以上工业企业R&D经费投入157.05亿元，比2019年增加2.89亿元，增长1.9%。规模以上工业研究与试验发展（R&D）经费投入强度（研究与试验发展经费与营业收入之比）为1.82%。有8个行业大类R&D经费投入超过5亿元，经费合计占全市规模以上工业企业研究与试验发展经费的比重为83.7%（见表9-1）。

表9-1　2020年分行业规模以上工业企业研究与试验发展经费情况

	R&D经费（万元）	R&D经费投入强度（%）
总计	1570544.4	1.82
采矿业	69791.7	1.13
石油和天然气开采业	46067.1	0.93
开采专业及辅助性活动	23724.6	1.99
制造业	1496167.1	2.22
农副食品加工业	1069.1	0.08
食品制造业	3961.9	0.34
酒、饮料和精制茶制造业	227.3	0.03
烟草制品业	1134.9	0.05
纺织业	1352.3	0.95
纺织服装、服饰业	0.0	0.00
皮革、毛皮、羽毛及其制品和制鞋业	373.5	0.98
木材加工和木、竹、藤、棕、草制品业	0.0	0.00
家具制造业	0.0	0.00
造纸和纸制品业	333.5	0.21
印刷和记录媒介复制业	9536.3	1.59
文教、工美、体育和娱乐用品制造业	50.7	0.28
石油、煤炭及其他燃料加工业	713.8	0.58

	R&D 经费（万元）	R&D 经费投入强度（%）
化学原料和化学制品制造业	63714.9	3.59
医药制造业	51862.5	2.36
化学纤维制造业	1706.0	0.77
橡胶和塑料制品业	17032.9	1.61
非金属矿物制品业	32613.2	1.04
黑色金属冶炼和压延加工业	717.0	0.16
有色金属冶炼和压延加工业	37185.4	3.82
金属制品业	35532.2	2.16
通用设备制造业	34948.9	1.41
专用设备制造业	102790.5	3.95
汽车制造业	260281.8	1.60
铁路、船舶、航空航天和其他运输设备制造业	269104.3	5.01
电气机械和器材制造业	114706.0	1.26
计算机、通信和其他电子设备制造业	399314.4	3.27
仪器仪表制造业	52343.0	4.64
其他制造业	2390.9	6.39
废弃资源综合利用业	62.2	0.09
金属制品、机械和设备修理业	1107.7	1.18
电力、热力、燃气及水生产和供应业	4585.6	0.04
电力、热力生产和供应业	1437.9	0.01
燃气生产和供应业	2455.8	0.14

资料来源：《2020 年西安市研发经费投入统计公报》。

规模以上非工业企业 R&D 经费投入 60.72 亿元，增长 3.2%。其中，信息传输、软件和信息技术服务业 R&D 经费投入 26.53 亿元，增长 12.9%；科学研究和技术服务业 R&D 经费投入 16.54 亿元，增长 39.0%。

科技服务体系的完善，保障了科技工作者的权益，为科技工作者研发高端技术水平产品提供心理和物质上的保障，这大大促进了科研人员创新创业的信心，为西安市创新创业生态系统的建设增添了人才储备量。

大家现在经常提到"硬科技"这个概念，实际上就是西安原创的概念，走向了国家的话语体系。如今，每年在西安举办的全球硬科技创新大会，使得硬科技已经成为西安的城市新名片之一。

不过，我们也应该注意到的是，在各大城市均开始在科创领域发力的情况下，西安在全国各大城市中的科技创新竞争力排名有所降低。

中国社会科学院财经战略研究院与中国社会科学出版社发布的《2021 中国城市科技创新竞争力排名 TOP20》显示，西安位列第 14（见表 9-2）。

表 9-2　中国城市科技创新竞争力指数 20 强

城市	2021 年		2020 年		排名差
	指数	排名	指数	排名	
北京	1.000	1	1.000	1	0
上海	0.892	2	0.887	2	0
深圳	0.870	3	0.755	6	3
香港	0.842	4	0.841	3	−1
杭州	0.823	5	0.768	5	0
武汉	0.812	6	0.751	7	1
广州	0.800	7	0.728	8	1
南京	0.757	8	0.724	9	1
台北	0.703	9	0.802	4	−5
青岛	0.701	10	0.612	15	5
成都	0.691	11	0.670	11	0
苏州	0.677	12	0.614	13	1
合肥	0.669	13	0.626	12	−1
西安	0.653	14	0.679	10	−4
厦门	0.617	15	0.563	22	7
天津	0.616	16	0.614	14	−2
长沙	0.614	17	0.611	16	−1
重庆	0.609	18	0.611	17	−1
珠海	0.600	19	0.422	42	23
东莞	0.596	20	0.426	40	20

西安在 2021 年的排名较 2020 年下降了 4 位，2020 年的时候西安位列第 10。

另外，需要注意的是，在高等院校方面占据优势的西安，部分高校也开始"走出去"，在外省建设分校。西北工业大学在江苏建设太仓校区，西安电子科技大学在浙江萧山建立研究生院……

第三，优化产业结构规划，形成"三廊三带一通道"的产业空间格局。三廊分别为科创大走廊、工业大走廊、文创大走廊。科创大走廊建设以高新区为引领、"高新区+航天基地+沣东新城+沣西新城+大学城+科研院所+交大创新港"等区域为依托的科创大走廊，打造"创新增长极"，发展万亿元级高新技术产业。文创大走廊是以曲江新区为引领"曲江新区+丰镐遗址+楼观道文化展示区+白鹿原+临潼景区"等区域为依托的文化产业大走廊，打造"文化产业增长极"，发展万亿元级文化旅游产业。

第四，加大高端人才培养引进力度，提升大西安的科技创新能力。西安市2018 年国民经济和社会发展统计公报数据指出，2018 年，全市培育和引进国家"千人计划"专家 12 人，参与西安高新技术产业开发区创新、创业的两院院士超过 80 人；新批博士后创新基地 10 个，拥有博士后工作站、博士后创新基地 56 个。优秀高端的科技人才为西安创新创业生态系统的建设提供了基础性储备力量，如一股源源不断的清泉为生态系统增添活力。

第五，积极开展各类鼓励科技创新的活动，通过丰富的活动推进全民创新。西安交大、西北工大、西安电子科大先后完成"水煮煤""大数据""3D打印""半导体先导技术中心"等科技成果转化，基金设立项目高达 85 项。组织产学研交流活动 312 场次，与洛阳、南阳、运城、济源、西宁等城市建立跨区域合作机制。通过产学研结合，城市与城市间加强了交流与合作，西安科技创新活力不断增强，创新氛围十分浓厚。

在全国"双创"浪潮下，西安市以打造"创业西安"城市品牌、建设"一带一路"创新创业之都为重点，将"双创"工作提升到"激发创新活力，推动经济发展"的新高度。依托雄厚的科教实力、人才资源与政策优势，完善创业生态、打开全球视野，正逐渐成为世界瞩目的创新创业乐土。西安需要把握机遇，力争在新一轮科技革命和产业变革中抢占"一带一路"科技创新竞争先机，为打造西安内陆型改革开放新高地、建设国际化大都市、建设"品质西安"提供支撑和保障。同时，实施创新驱动发展战略，突出创新是现代化经济体系的战略支撑，牢固树立创新、协调、绿色、开放、共享新发展理念，统筹推进"五位一体"总体布局和协调推进"四个全面"战略布局，主动适应把握引领经济发展新常态，聚焦国际化大都市建设。

【案例】洛阳：城市品牌，古都添彩

洛阳从中国第一个王朝夏朝开始，兴于夏（朝），盛于唐（朝），历史上曾有十多朝封建帝王定都河南省洛阳市，先后 100 多个帝王在这里指点江山，号称"千年帝都"，与西安、南京、北京并列为中国四大古都。

（一）洛阳优势

1. 历史文化名城

洛阳有着 5000 多年文明史、4000 年的建城史和 1500 多年的建都史，先后有 105 位帝王在此定鼎九州，是华夏文明的发源地之一、中华民族的发祥地之一。

2. 交通便利

洛阳机场位于市区西北 10 公里处，设施完备，现有洛阳至广州、成都、大连等多条国内航线，交通便利。

3. 生态农业+旅游风景

洛阳农业结构调整坚持因地制宜，突出特色，优质专用粮食、畜牧、林果、中药材、烟叶、花卉苗木六大支柱产业格局初步形成。洛阳是中国重要的旅游目的地，洛阳市围绕"千年帝都，牡丹花城，丝路起点，山水洛阳"的城市品牌形象，整合旅游产品。洛阳有黛眉山世界地质公园、伏牛山世界地质公园、龙门石窟、白云山、老君山和鸡冠洞等全国知名景区，3A级以上景区数目位居全国之首。

4. 工业与科技较发达

洛阳是中华人民共和国成立后的新兴重工业城市，是第一个五年计划重点建设的工业城市之一，苏联援华的156个重点项目，洛阳有7个，一些与军工相关的重工业全国领先。经过几十年的建设，已形成了较为完备的工业体系，工业经济对全市经济增长的贡献率高达74%。同时，洛阳科技实力雄厚，拥有各类科技机构600多家。

(二) 存在的问题

1. 客户黏性不够

目前，洛阳形成规模的旅游景区已超过60个，但能被记住的只有少数几个：龙门石窟、白马寺、关林。然而随着社会进步消费者对旅游有了更多的选择，仅靠龙门石窟、白马寺、关林，来洛阳旅游的旅客会越来越少。作为十三朝古都，洛阳拥有5000多年的文明史、4000年的建城史、1500多年的建都史，拥有举世闻名的五大都城遗址和数不清的古建筑，尤其是汉光武帝陵、北魏孝文帝陵、曹休墓等一批含金量较高的文化资源仍在"沉睡"。

洛阳每年举办一次洛阳牡丹花会作为自身的品牌和文化输出，牡丹花会虽然壮观，但是活动持续时间短，盛会一过旅客就会离开，无法长期黏住旅客。

2. 持续性太弱

近年，国内一些旅游发达地区的旅游夜生活品牌纷纷涌现，如杭州的西湖夜游、上海的夜游黄浦江、桂林的《印象·刘三姐》等。"白天看景，晚上走人"一直是洛阳休闲旅游的短板，景点可观赏性不足，必然导致旅客的持续性和重复率降低。而景点需要多元化，才能增强对旅客的吸引力。精心打造体现本地文化特色、真正叫得响的休闲旅游文化精品项目，是解决"留客难"这个问题。

（三）城市品牌亮点——三张名片

第一张城市品牌名片——"生态美市"。

近年来，洛阳把全力打造宜居、宜游，有利于可持续发展的生态环境作为全市工作的重中之重。突出以绿美城、水润城的工作重点，坚持山区森林化、平原林网化、城市园林化、乡村林果化、廊道林荫化、庭院花园化的"六化"工作目标，首先按300米见绿，500米见园，大游园提升城市形象，小游园方便群众休养生息的标准，全方位启动城区植树增绿、植草育城、植花美城工程。同时推进市域内黄河和洛、伊、瀍、涧等"一河四水"的综合整治，按照通水、留水、养水、科学用水的治理原则，对"一河四水"集中进行了分期清淤，逐段疏浚和水质净化。重点沟河落实了高标准河道硬化，对河道堤防、滩地等按"春有花、夏有荫、秋有果、冬有绿"的标准进行了绿化、美化。截至2020年9月，洛阳市总计治理骨干河道、绿化河岸250余公里，完成水系连通工程100余公里，建设游园湿地28处。"十三五"期间累计完成全域造林195万亩，森林抚育376万亩，使洛阳市森林覆盖率达到45.5%，远高于全省、全国的平均水平。

第二张城市品牌名片——"文化强市"。

为将洛阳历史文化底蕴和地理区位优势转换成发展的势能，近年来，洛阳市以打造河（黄河）洛（洛水）文化传承示范区、华夏历史文明传承创新核心区、国际人文交往中心为发展目标，坚持规划引领、保护利用、多措并举、传承提升的基本原则，先后出台了《洛阳市历史文化名城保护规划》《全市域文物保护与利用总体规划》，并重点落实了以下几项工作：

一是保护、修复、利用、提升全市优质历史文化资源，创建国家文物保护利用示范区，打造"东方博物馆之都"。在保护维修龙门石窟、白马寺、汉函谷关等国宝级世界文化遗产的同时，坚持尊重历史，修旧如旧，让历史遗存焕发新春的原则，多方筹集资金，高标准重修了隋唐洛阳城国家遗址公园的明堂、天堂和九洲池。修复了偃师商城遗址、东周王城遗址和汉魏洛阳城遗址，新建了二里头夏都遗址博物馆等历史博物馆，并规划建设了传承汉唐遗风，仿照明清建筑风格的洛邑古城，让游人置身其中，在耳听此起彼伏的商贩叫卖声，眼观目不暇接的仿古商品，品千年茗茶，宿文化气息浓郁的特色客栈中，尽情享受历史穿越的神秘感和超越现代的梦幻感。目前，洛阳市共有各类博物馆（纪念馆）102 家，全国重点文物保护单位 51 处，国家级非物质文化遗产名录 8 个。

二是通过节会搭台吸引国内外商贾精英走进洛阳，让中华优秀历史文化影响世界。以每年举办一次的中国洛阳牡丹文化节、洛阳河洛文化旅游节为引领，同时连续举办了洛阳老汤文化节、洛阳市青铜文化节、洛阳市器乐文化节等众多文化交流活动，吸引了亿万人次的海内外游客。他们在走进古都洛阳，看国花牡丹，品洛阳水席，欣赏异彩纷呈的洛阳美景，领略博大精深的汉唐历史文化中，进一步了解洛阳，喜欢上亦善亦美的中华传统文化，爱上城市花园的洛阳城，同热情豪爽的洛阳人交上了朋友。

通过节会搭台，先后成功举办了"世界古都论坛""中国—中东欧国家文化遗产论坛""牡丹之约·全球跨境产业融合论坛"等重大国际活动，极大地提高了洛阳在全球的国际影响力。洛阳同日本冈山市、韩国扶余郡、法国图尔市等 17 个城市分别建立了中长期文化交流合作关系，为推介中华优秀文化，促进中国的改革开放，提升中国的国际地位等作出了重要贡献。

三是全域旅游建设，使洛阳市成为名副其实的大花园。

从金壁玉柱、奢华豪贵的明堂、天堂，到古院幽深、古木参天的魏坡古民居；从一眼远眺百景生，一次相遇忆百年的老君山十里画屏，到乡情野趣炊烟缈，十里荷花十里香的洛阳荷花小镇；从身居闹市，长年车水马龙的洛邑古城，到将古景、古色、古韵与乡风、乡貌、乡趣融为一体的倒盏村。截至 2019 年末，洛阳市共有 A 级旅游景区 82 处，其中 4A 级以上景区 30 处。

据洛阳市旅发委统计，2018 年，洛阳市全年乡村旅游投资 24.86 亿元，接待床位 5.75 万张，接待游客 3041 万人次，直接或间接带动大批贫困人口就业增收。

四是特色鲜明的洛阳美食，给每一位到访洛阳者留下永久的"洛阳记忆"。

洛阳汤、洛阳牡丹饮食、洛阳水席同为洛阳美食的代表，又各具独有的风格和特色。洛阳市的大街小巷，遍布各色汤馆，牛肉汤、羊肉汤、驴肉汤、豆腐汤、焦丸汤应有尽有，按洛阳人的话说，"一天不喝汤，心里便发慌"。天天喝汤既是洛阳人的常态，也是洛阳人的时尚。由此成就了名扬天下的"汤城洛阳"。

牡丹除了观赏，还有极高的经济价值。洛阳市不断开发以牡丹为特色的产品，例如，将鲜艳的牡丹花，青翠的牡丹叶，饱满的牡丹籽，分别加工成牡丹饼、牡丹茶、牡丹汤、牡丹籽油和牡丹精油等，每一种产品均用料考究、做工精细、风味独特、包装华贵。自饮自食，助健康，益长寿；送亲赠友，体面大气。

洛阳水席始于唐代，至今已有1000多年的历史。一桌中高档水席，数十道菜品虽多是汤汤水水，但每道菜的选料、烹饪工艺、色香味形、装盘方法、上菜形式等均体现了唐朝宫廷宴席的精细化、程序化。

洛阳市精心打造的第三张城市品牌名片——"创新大市"。

从中华人民共和国成立之初，洛阳便成为支撑中国工业大厦的重要基地。中国自主研发生产的第一代轴承产自洛阳；具有中国独立知识产权的第一批工业玻璃源自洛阳；代表中国由传统农业走向现代农业的第一台东方红拖拉机从洛阳城开出。

近年来，洛阳再次将机制创新、科研创新、产业创新、产品创新作为实现洛阳新腾飞的重要动能。通过制定出台《洛阳市科学技术进步奖励办法》，组织"院士洛阳行"，创建智能洛阳、数字洛阳、掌上科技园、掌上科技市场等重大举措，极大地激发了洛阳人创新、创造、创业的积极性。截至2019年底，洛阳市省级以上企业技术中心已发展到104个，其中国家级14个；省级以上工程实验室（工程研究中心）95 个，其中国家级 9 个；省级以上工程技术研究中心 202 个，其中国家级 2 个；当年共获得国家授权专利 8760 件，有效发明专利 7322 件。2019 年，洛阳市挂牌科技成果项目 700 个以上，签订技术合同 1629 份，技术合同成交额 48.3 亿元；新增高新技术企业 163 家，高新技术产业增加值增长 16.5%。

通过洛阳科技人员的不懈努力，无人操作超级拖拉机已亮相中原；新的育种技术已培育出一枝多花的中国牡丹；大规模物联网的高效能组网技术将现代科技再次推向新台阶。如今，无论是在奔驰的高铁上，还是在举世瞩目的港珠澳大桥中，都清晰记载着洛阳科技的卓越贡献；无论是在潜深 7000 多米的神奇蛟龙号舱体中，还是在九天探月的飞船上，都可找到洛阳制造的鲜明印记。

参考文献

［1］曹增节．城市生活的风向标［M］．北京：中国美术学院出版社，2014．

［2］陈倩．城市营销经典案例（第3辑）：国内城市篇［M］．北京：经济管理出版社，2014．

［3］付宝华．城市主题文化与世界名城崛起［M］．北京：中国经济出版社，2007．

［4］傅崇兰．中国运河城市发展史［M］．成都：四川人民出版社，1985年．

［5］何辉，刘朋．新传媒环境中国家形象的构建与传播［M］．北京：外交出版社，2008．

［6］李凡．城市营销经典案例（第2辑）：国际城市篇［M］．北京：中国社会科学出版社，2014．

［7］李兴国．北京形象：北京市城市形象识别系统（CIS）及舆论导向［M］．北京：中国国际广播出版社，2013．

［8］刘继南，何辉．中国形象——中国国家形象的国际传播现状与对策［M］．北京：中国传媒大学出版社，2006．

［9］刘小燕．政府对外传播［M］．北京：中国大百科全书出版

社，2010.

　　［10］刘小燕.中国政府形象传播［M］.太原：山西人民出版社，2005.

　　［11］刘彦平.城市营销战略［M］.北京：中国人民大学出版社，2005.

　　［12］刘彦平.中国城市营销发展报告（2009－2010）：通往积谐与繁荣［M］.北京：中国社会科学出版社，2009.

　　［13］刘彦平.中国城市营销发展报告（2019）［M］.北京：中国社会科学出版社，2019.

　　［14］吕尚彬，钱广贵，兰霞等.中国城市形象定位与传播策略实战解析：策划大武汉［M］.北京：红旗出版社，2012.

　　［15］马瑞华.城市品牌与城市竞争力机制研究［M］.北京：经济科学出版社，2018.

　　［16］孟建.城市形象与软实力：宁波市形象战略研究［M］.上海：复旦大学出版社，2008.

　　［17］倪鹏飞，刘彦平.成都城市国际营销战略［M］.北京：社会科学文献出版社，2010.

　　［18］倪鹏飞.中国城市竞争力报告 No.11［M］.北京：文献出版社，2013.

　　［19］彭伟步.信息时代政府形象传播［M］.北京：社会科学文献出版社，2005.

　　［20］首都科技发展战略研究院.首都科技创新发展报告2013［M］.科学出版社，2014.

　　［21］孙有中.解码中国形象［M］.北京：世界知识出版社，2009.

　　［22］谈伟峰，黄文华.闻香识品牌［M］.北京：清华大学出版社，2014.

　　［23］王国平.生活品质之城——杭州城市标志诞生记［M］.北京：中国美术学院出版社，2008.

［24］王祥龙．明天你在哪里醒来［M］．济南：山东文艺出版社，2021.

［25］［西］维多利亚·德·埃利扎格拉特．城市营销［M］．北京：经济管理出版社，2019.

［26］徐剑，沈郊．城市形象的媒体识别：中国城市形象发展 40 年［M］．上海：上海交通大学出版社，2018.

［27］杨柳．北京城市品牌形象与影像传播研究［M］．北京：中国电影出版社，2014.

［28］于宁．城市营销研究——城市品牌资产的开发、传播与维护［M］．大连：东北财经大学出版社，2007.

［29］玉明．中国城市品牌价值报告［M］．北京：中国时代经济出版社，2007.

［30］张长明．让世界了解中国——电视对外传播 40 年［M］．北京：海洋出版社，1999.

［31］张鸿雁，张登国．城市定位论：城市社会学理论视野下的可持续发展战略［M］．南京：东南大学出版社，2008.

［32］张健康．城市品牌研究［M］．杭州：浙江大学出版社，2013.

［33］张丽平，赵峥．产业升级与国家竞争优势［M］．北京：北京师范大学出版社，2012.

［34］张燚．重庆城市形象定位与塑造研究［M］．北京：中国经济出版社，2009.